Aplicando Maquiavelo en el día a día

Fernando César Gregorio

INTRODUCCIÓN

- ¿Estás leyendo Maquiavelo?

- Si, ¿por qué?

- Pero es que escribió a reyes, regentes y gobernantes.

- Ah ... ¿Y por casualidad, no soy yo también el gobernante de mi familia, el gerente de mi propiedad, el líder de mi trabajo, uno de mi gerente de negocios, por último, el gobernante de mi vida?

De la misma manera que en cierta etapa de nuestra infancia descubrimos que los bebés no son llevados al pico de una cigüeña, y que el buen viejo Papá Noel realmente no existe y en realidad son nuestros padres quienes compran los juguetes y los ponen debajo del Árbol de Navidad, o aún, que nuestro padre no es ese superhombre que pensamos que era, sino una persona normal, con sus virtudes y defensas, por lo que también hay una fase de nuestra vida que debe descubrirse que el mundo no es color pink y las relaciones entre hombres no son esa maravilla utópica que imaginamos, por lo que hay un momento en el que debemos dejar de ser ingenuos. Hay un momento en que necesitamos saber que las cosas no siempre suceden en el mundo con la misma pureza e ingenio que encontramos en las historias de nuestra infancia, que no todo se puede dividir entre el bien y el mal, entre el bueno y el malo o entre héroe y villano, y la vida real no pueden ser vistos bajo el prisma dulce, infantil y sin experiencia de Caperucita Roja, que, por cierto, casi lo come el lobo.

Hasta que el mundo sea lo que realmente es, no lo que nos gustaría que fuera, y si realmente queremos ver el mundo lo más cerca posible de su realidad y no a menudo apegarnos a los juicios inocentes de nuestra infancia y establecernos para ser mejor preparados para enfrentar el mundo real, sin permitir que nos traten como tontos vulgares, hay un momento en que necesitamos saber como aceptar que la vida concreta es una disputa constante que tiene lugar cada segundo de nuestra existencia, comandada por intereses antagonistas que son el trasfondo real en las relaciones entre hombres, entre entidades, empresas y países, subrayando la máxima selectiva: cada uno por sí mismo. Solamente los muertos saben el final de la guerra.

Manteniendo las proporciones correctas, es por eso que debemos aceptar como natural que cada uno, con sus armas a su disposición, tenga derecho a existir y defender sus intereses, promover su sustento, perseguir su éxito personal, incluyendo nuestros enemigos. Comprender esta realidad es el acto de compasión más verdadero y profundo.

Una situación que ejemplifica bastante lo que queremos decir es un salvavidas de madera: imagine que está viajando en un barco en alto mar con otras personas. De repente aparece una tormenta y gira el barco que se hunde. Solo usted, otra persona y un trozo de madera permanecen en la superficie, lo que, debido a su forma y tamaño, solo puede salvar a uno de ustedes. Mira, solo el que se aferra a esta plancha sobrevivirá y solo uno puede hacerlo; si los dos se aferran, ambos morirán. Por lo tanto, solo tiene dos opciones: ahogarse (que es prácticamente un suicidio) o luchar contra el otro para tratar de obtener el pedazo de madera que le salvará la vida, y condenará a muerte a la otra persona (que es prácticamente un asesinato).

La vida está hecha de opuestos que se complementan entre sí, una condición permanente de conflicto, dijo el filósofo Heráclito hace dos mil quinientos años.

Curiosamente, esta idea clave se puede encontrar en la mayoría de las civilizaciones más importantes. Todo lo que sabemos es generado por enfrentamientos, hay una guerra perpetua entre los opuestos que se acercan. Entonces el filósofo prescribe: la guerra es la madre de todas las cosas y de todas las cosas es la reina.

El significado figurativo de la guerra es aplicable a cualquier disputa, ya sea entre indivíduos, amantes, profesionales, entidades, empresas y países.

No podemos permitir que nuestra inocencia nos impida ver que los hombres no son, o no pueden ser, tan buenos como pensamos que eran, que las personas, independientemente de su nacionalidad, estatus social, raza, género o edad, necesitan actuar y jugar el juego de la vida, buscando sobrevivir y satisfacer sus necesidades e intereses, ya sean confesos u ocultos. En medio de esta verdadera guerra del día a día, no es incorrecto pensar que las personas y las corporaciones en conflicto constantemente buscan debilitar, dominar o eliminar a sus oponentes, a menudo haciendo lo que sea necesario para satisfacer sus própios intereses.

¡Ah! Querido lector, esto no es un baño de maldad, sino un baño de realidad, lo que implica que no debemos permitirnos ser guiados por las apariencias de las cosas, sino que la búsqueda de la verdad debe ser una constante en nuestras vidas, incluso si a veces la verdad no sea tan amable. Tienes que ver que el mal y la bondad son legítimos y ambos tienen su secreto en nuestra esencia humana ... en la mía y en la tuya.

Por supuesto, debemos estar llenos de piedad, fé, virtud, humanidad, pero en situaciones donde esto se vuelve imposible, no se nos permite despreciar la realidad de los hechos, de lo contrario seremos imprudentes con la subsistencia y los intereses nuestros y de los que están bajo nuestra responsabilidad: nuestros hijos, amigos, familiares, subordinados y empleados, lo que sería una gran infamia contra nosotros. ¡Sé bueno y honorable, pero nunca estúpido!

La moral que nos aconseja dejarnos engañar, robar o herir a nuestros activos, al bienestar de nuestra familia o nuestro negocio simplemente porque estamos obligados por juicios simples y erróneos de la realidad no puede ser correcto. ¿Qué honor es permitirnos que otros nos hagan idiotas? ¿Qué sistema ético podría requerir de nosotros pasividad y omisión frente a la agresión y, a menudo, la opresión oculta contra nuestras vidas, nuestra herencia o la salud de nuestros hijos? ¿No fue Cristo quien, al enviar a sus discípulos, los amonestó, diciendo que debían ser sabios como serpientes entre los lobos?

Naturalmente, la vida nos pondrá ante los enfrentamientos y debemos estar preparados para enfrentarlos, y quien quiera que vaya a la guerra huelga y sufre. En la misma línea, el pensador Maquiavelo dijo que un príncipe no debería tener otro propósito, ninguna otra preocupación, ni dedicarse a nada más en la vida que el arte de la guerra, su organización y su estudio. Ahora bien, si Heráclito nos dice que la vida es una guerra constante, no solo los príncipes sino también nosotros, los mortales comunes, debemos estar conscientes y preparados para las luchas de la vida, y es por eso que este trabajo tiene la intención de llevarlo al día a día las cuestiones planteadas por Maquiavelo.

Como una de las figuras más controvertidas y perjudicadas de nuestra historia, Maquiavelo también fue uno de los pensadores más originales del Renacimiento y escribió cómo un príncipe debe actuar para conquistar y luego mantener un Estado. Nos engañamos al pensar que muchas cosas han cambiado desde Maquiavelo, pero las reglas de la vida siguen siendo las mismas. El mismo consejo dado por Maquiavelo para que un Príncipe conquiste o mantenga una nación se presta de manera similar a las personas que conquistan y mantengan sus "estados", que pueden estar representados por su salud, reputación, propiedad, familia, trabajo o posición, para su empresa, para lo que tiene valor en la vida de un ser humano.

El arte de vivir y gobernar es el mismo, por lo que el consejo expresado por Maquiavelo puede y debe democratizarse y prestarse a la conquista y defensa de los bienes naturales y culturales de cada ser humano, y que prevalecerá el mejor preparado. Si quieres la paz, prepárate para la guerra.

De manera similar a lo que se le aconsejó a un príncipe, estamos interesados en conquistar y mantener lo que tenemos y lo que somos, y por esa razón también debemos prever en tiempos de dificultad y saber qué hacer y qué decir cuando en arriesgar lo que tenemos de valor. Así como es legítimo que un príncipe defienda estratégicamente su estado, también es legítimo defender estratégicamente a nuestra familia; Así como es legítimo que un príncipe ataque un país antagónico, también es legítimo que peleemos contra los competidores de nuestra compañía o contra aquellos que desean dañarnos; Así como es legítimo que un príncipe luche contra sus enemigos y traidores internos, también es legítimo para nosotros luchar contra nuestras debilidades o contra aquellos que son desleales al querer hostigarnos.

Para exponer sus métodos polémicos, que propone aquí también se aplican en nuestra vida cotidiana, Maquiavelo confió más en la ética y la práctica de los guerreros que en una moral contemplativa y a menudo hipócrita y sumisa. La moral expresada por este pensador florentino es una moral activa y eficiente, una persona que no puede escapar de las luchas de la realidad cotidiana, que necesita arremangarse y enfrentar la lucha efectiva y cruda entre los lobos para lograr sus sueños.

No vale la pena vivir una vida sin sueños y metas, pero para alcanzarlas es necesario tener coraje para enfrentar disputas y en todo momento implicará una elección entre ser lúcido o idiota, dominante o dominado, guerrero o un lacayo, un luchador o un débil, un ganador o un perdedor. ¡No hay alternativas!

No debemos olvidar que el deseo de alcanzar el éxito en la vida, hacer realidad los sueños es humano y universal, y la experiencia nos enseña que uno que se esfuerza por hacerlos realidad es siempre una cuestión de asombro y alabanza entre los hombres.

UN POCO DE HISTORIA

El profeta desarmado perece.

Niccole Macchiavello, un filósofo político del siglo XVI, nació en Florencia el 3 de mayo de 1469 y murió el 20 de junio de 1527, habiendo ocupado numerosos cargos públicos como secretario, embajador y escritor de tratados. Es uno de los pensadores más originales del Renacimiento, una figura brillante y también algo trágico, pero siempre admirado por su capacidad para observar con franqueza y comprender los pensamientos ocultos de los hombres. Durante los siglos XVI y XVII su nombre será sinónimo de crueldad, ya que no hubo pensador más odiado o incomprendido que Maquiavelo. La fuente de este error es su tratado más influyente y ampliamente leído sobre el gobierno, "El Príncipe", un breve libro que ha tratado de crear un método para conquistar y mantener el poder político y que sustenta nuestra lectura.

Dedicado a Lorenzo de Medici, "El Príncipe" es una obra que nunca ha pasado de moda, es un clásico éxito de ventas del pensamiento político hasta el día de hoy, una obra de referencia para sucesivas generaciones de estadistas, diplomáticos y altos funcionarios, caracterizada por la inteligencia, la astucia, ironía, suerte, virtud y exposición lúcida de la realidad.

Maquiavelo afirmó que se basaba en valores históricos, lo que significa más una ética guerrera y práctica que una moral contemplativa. Saca más de los romanos de lo que conscientemente se da cuenta de la influencia de los griegos, su moralidad es una moral activa y eficiente, una moral para los hombres que no pueden escapar de los asuntos del mundo real, y todos los hombres, incluido usted lector, nunca pueden. Es una moral pragmática, que proporciona a uno herramientas para actuar en tiempos de cambio permanente y crisis. Además, es una moralidad radicalmente terrenal: un sistema de reglas de acción centrado en el individuo: "*El tiempo no puede esperar, la bondad no es suficiente, la suerte varía y la malicia no tiene ningún don para contenerla*", dijo Maquiavelo.

Debemos y podemos usar siempre nuestra dotación natural de prudencia, es decir, si hemos sido lo suficientemente afortunados y dotados de esa virtud que solo la naturaleza puede proporcionar, para definir y buscar los mejores resultados posibles en cada situación. Una vez que se establece la meta, analice cuidadosamente cada decisión que se tomará o no. El filósofo Menandro nos dijo que el hombre que huye puede luchar de nuevo.

Es evidente que el prudente y prevenido siempre termina ganando. La precaución es la racionalidad aplicada a la condición humana que permite que la virtud prevea las necesidades futuras. Esto es esencial, según Maquiavelo, porque la falta de visión del futuro implica la incapacidad de cambiar nuestra naturaleza de acuerdo con los tiempos y, por lo tanto, nos impide ser dueños de nuestro destino. La prevención realiza cálculos según sea necesario. Por lo tanto, la planificación se convierte en una guía interna de la virtud, lo que lleva a su efectividad: la adquisición de lo que queremos.

EL ORIGEN DEL PODER

*Siempre ha habido quienes ordenaron
y quienes obedecieron,
algunos de buena gana, otros de mala gana.*

Comencemos por el principio: ¿qué es el poder y cuáles son las formas de lograrlo?

Poder tiene el significado de que podemos lograr o hacer algo que queremos, tener la capacidad de ordenar, definir y ejercer autoridad sobre nuestro destino u otros, para lograr los recursos que deseamos.

En "El Príncipe" Maquiavelo observa de manera muy sucinta e interesante el origen y las formas en que se puede alcanzar el poder o riqueza, y concluye que todas las posiciones alcanzadas por una persona solo se pueden obtener de tres maneras:

- o se deben a pura suerte,

- o se logran por sus propios méritos,

- o se deben a herencias.

Obtener una posición por pura suerte es cuando el destino pone un buen premio en tu regazo, por ejemplo, alguién que gana un premio mayor en la lotería o la oportunidad te da una mano besada, lo que obviamente es algo raro de suceder.

También hay quienes pueden, a través del trabajo, la competencia y el mérito propio, crear un patrimonio, una posición destacada e innumerables son los ejemplos de científicos y profesionales que, llegando paso a paso, alcanzan lo pico de sus carreras después de mucho esfuerzo y dedicación. No menos comunes son los ejemplos de empresarios que hicieron su fortuna incluso en una situación de vida humilde. Buscar una vida de paz y estabilidad, construir una familia harmoniosa, dar una buena educación a los niños, también se encuentran entre los nobles fines a los que puede aspirar un ser humano. Nunca se deje engañar porque sería incorrecto o pecaminoso tener ambiciones o luchar por sus objetivos o riquezas.

La otra hipótesis es obtener una posición o patrimonio a través de la sucesión, como cuando los padres dejan la propiedad a sus hijos, o un pariente que pasa una posición de gestión a uno de sus descendientes. En este caso de los puestos o patrimonio recibidos por herencia o legado, los sucesores ya están acostumbrados a estar a cargo de la situación, y son más fáciles de retener que las posiciones recientemente obtenidas por mérito, porque es suficiente para esto que no se abandone el procedimiento de sus predecesores y luego comprométase con las nuevas situaciones para que, si tiene una capacidad moderada, continuará manteniendo la posición previamente alcanzada por los anteriores. Su mérito será mantener listo lo que ya recibió.

Este es el caso de un hijo que hereda un negocio de sus padres, donde los empleados ya conocen las preferencias familiares y el nuevo propietario ya está acostumbrado a administrar ese negocio. No es que solo haya alegrías, pero es evidente que las dificultades para mantener esa empresa serán menores.

En los casos en que existe toda la influencia y el favor de las amistades ricas y poderosas que trabajan a favor de una persona será más fácil seguir desarrollando el negocio.

Esto también se aplica a una persona que tiene el patrocinio político para dirigir una agencia pública, o a los descendientes que se han hecho cargo del negocio familiar, o a un niño que asume el estatus de la profesión de un padre.

Cabe señalar que esas personas son más difíciles de vencer porque tienen la fuerza del favor y el apoyo de sus padrinos. Es mucho más difícil derrocar al nuevo director de una compañía cuyo padre es el accionista mayoritario, o un representante designado por un grupo poderoso, o el ex director era su abuelo, que arrinconar a otro que, de alguna manera, se levantó por su cuenta y por mérito propio.

Se debe aprender de esto que nunca debes descuidar cultivar favores, amistades y buenas relaciones que algún día también puedan brindarte algún tipo de influencia, patrocinio o apoyo durante los tiempos difíciles. Los pensadores actuales han identificado que las estrategias de actitudes lógicas, amistad con los socios, búsqueda de apoyo, habilidades de negociación, determinación y afinidad con los superiores son factores determinantes para el éxito profesional.

Es bueno recordar que una ofensa cometida contra el sucesor protegido puede significar una gran afronta a los padrinos, y ofender a uno puede ofender a todos. La prudencia aquí aconseja que es preferible buscar la estima y simpatía del sucesor y evitar confrontaciones, a menos que uno pueda contar con una fuerza extraordinaria del mismo tipo para derrocarlo, si ese es el interés.

Además, aquellos que triunfan en el poder rara vez querrán entrar en conflicto con la estructura ya existente, y está claro que tendrán más tendencia de buscar apoyo para hacer alianzas y amistades.

Esta autoprotección familiar o grupal todavía es bastante intensa hoy y es ampliamente estudiada por la antropología, porque el sentido de pertenencia y su relación con los códigos de confianza y lealtad de las personas que pertenecen a un grupo están motivados exactamente por el miedo a la traición o la inseguridad a los ideales de este extracto social.

EL NUEVO JEFE

*Las guerras comienzan cuando quieres, pero
no terminan cuando quieres.*

Una cosa es llegar a la cima, otra muy distinta quedarse allí. Mirando tres formas de alcanzar el poder: suerte, mérito y herencia, es útil estudiar mejor las dificultades de mantenimiento de cada uno.

Como hemos visto, es más fácil hacer un seguimiento de lo que se ha heredado, y siempre es más complicado mantener un nuevo liderazgo o posición cuando se alcanza recientemente por mérito personal. Cuando expones tu competencia, terminas con todo tipo de celos, resentimiento e inseguridady, admitámoslo, justo cuando luchaste por alcanzar tus metas, tienes mucha gente debajo de ti con los mismos planes. *Antúnez* dice que hay dos cosas que algunas personas no pueden soportar: una es el éxito de otras y la otra es el cambio en su propia situación.

El cambio de mando nunca ocurre sin inconvenientes y cada renovación causa confusión. Cambio e innovación son sinónimos de romper patrones, abandonar la zona de confort, hacer nuevos esfuerzos, necesita adaptarse y competir de nuevo.

Sim embargo, existe una expectativa natural sobre el nuevo liderazgo, ya que los hombres generalmente aceptan una nueva guía creyendo que las cosas pueden mejorar. Si bien, por un lado, esta expectativa humana facilita el cambio, por otro lado, crea conflictos con aquellos que participaron en la antigua estructura y no estarán seguros con las nuevas pautas.

Pero, nunca olvides que si subiste a una posición porque pensaron que serías mejor que el jefe anterior, algún día querrán cambiarte por otro, y eso es solo cuestión de tiempo. Siempre existe la creencia o la ilusión de que el cambio producirá las mejoras deseadas, y esto no siempre es cierto como lo demuestra la experiencia.

Mientras tanto, al cambiar de dirección existe la necesidad natural y común que hace que un nuevo jefe rompa el equilibrio anterior, haciendo cambios de acuerdo con su propia visión e intereses personales, sustituyendo a las personas y molestando otras privilegiadas por la vieja situación.

En esta transición que debe hacerse con gran precaución y sensibilidad, sus enemigos son todos los que se ven perjudicados por su nueva autoridad; y aún no debe considerar a los amigos que lo han colocado allí, ya que aún no pueden estar satisfechos como lo deseaban o no han dominado completamente sus áreas.

Hay una necesidad innegable de que todos los comandantes conozcan a sus enemigos, sus posiciones y sus métodos a la perfección, para evitar o protegerse de sus ataques. Aunque en muchas situaciones deberíamos temer más a nuestras debilidades que a nuestros enemigos. A su debido tiempo, estar siempre alerta a nuestros rivales nos hace descubrir nuestras propias debilidades y deficiencias.

Y también un punto a tener en cuenta: al principio no es aconsejable tomar ninguna acción enérgica o apresurada contra los subordinados, ya que todavía se depende de ellos y, por lo tanto, es necesario buena voluntad de los subordinados para garantizar el éxito.

Es digno de mención que cuando se ejerce el liderazgo sobre las personas que comparten los mismos ideales del nuevo líder, es decir, tienen la misma forma de pensar, cultivan el mismo tipo de sentimiento, están imbuidos de los mismos objetivos y todavía están acostumbrados a cumplir con las reglas, se gobiernan más fácilmente, particularmente cuando están sujetos a una autoridad fuerte y presente.

Para asegurar el dominio en estas situaciones, es suficiente aniquilar el linaje del líder predecesor, es decir, desmantelar habilmente la estructura de comando y la red de influencia del jefe anterior, tratando de mantener el resto en la misma situación, sin promover grandes diferencias en las costumbres, porque así los demás seguirán viviendo en paz. No es una buena política desagradar a todos a la vez.

En resumén, en estas circunstancias críticas y que cambian el poder, para mantener la posición recién conquistada se deben tener en cuenta dos reglas: primero: extinguir el linaje del ex líder; segundo, no cambiar abruptamente, al menos al principio, las reglas generales y las viejas costumbres para no ofender a todos y al todo. Al hacerlo, en un período de tiempo muy corto, la nueva función de comando con los dominados se habrá consolidado.

Las dificultades serán mucho mayores cuando se pretenda comandar un órgano o una empresa con pautas, objetivos, hábitos y reglas diferentes a las que está acostumbrado el nuevo gerente. Se necesita una gran capacidad y mucha suerte para mantenerlo, pero recuerde que el papel del líder es lograr que un gran grupo de personas persiga el mismo sueño, en resumen, tiene que convencer en lugar de ganar y cuyas tácticas ya fueron mencionados en el capítulo anterior.

Una de las formas más efectivas es la presencia constante del líder con la gente, empleados, subordinados, líderes inmediatos y otros miembros. Por analogía con el cerebro que, para mantener su función de control, está presente en todo el cuerpo a través de los sentidos de nuestro cuerpo, las terminaciones nerviosas, tratando de estar al tanto de lo que sucede en su dominio, por lo que también el líder debe tener una presencia capilar en el "cuerpo" que quiere ordenar.

La presencia de este gerente puede tener lugar físicamente o a través de reuniones constantes con subordinados, infiriendo sus opiniones y dificultades, finalmente, utilizando las técnicas de gestión buenas y modernas, sin dejar de ser consciente de los problemas que puedan surgir. Con esta "presencia", al plantear los problemas adecuadamente, uno puede resolverlos o remediarlos en el momento adecuado, de lo contrario, muchos trastornos solo se conocerán cuando no haya más remedio. Los médicos afirmaron que al principio la tuberculosis es difícil de conocer y fácil de curar; sin embargo, si no se trata, será fácil de conocer y difícil de curar.

Además, los subordinados estarán más satisfechos con el fácil acceso al administrador y, por lo tanto, tendrán más razones para amarlo o, de ser así, temerlo. Los ataques y las críticas externas serán más difíciles y, por lo tanto, más seguros para mantener su situación.

COLONIZACIÓN

El que se adelanta para vencer a los enemigos triunfa antes de que las amenazas se materialicen.

Otra buena solución es establecer a su gente en los diversos lugares de su dominio, como si se les ordenara tomar posesión y establecerse en provincias distantes, porque necesita tener un apoyo amistoso en varios lados y esto requiere investigación, descubrimiento de personas talentosas y previa programación.

Colonizar es enviar migrantes a regiones fuera de la sede, dominar y mantener su influencia bajo control es, en última instancia, ocupar espacio.

Del mismo modo, en el entorno (empresa, departamento, entidad, colectivo, etc.) con pautas, objetivos, costumbres y normas divergentes, conviértase en el principal defensor de los débiles e intente debilitar muy sutilmente a los poderosos y cuente constantemente, como hemos visto antes, con la posibilidad de intercambiarte por otro.

Siempre es posible que las personas en una división lejana, las colonias, como las llamamos, movidas por la ambición o el miedo comiencen a colaborar con extraños. Los enemigos no duermen.

Y la consecuencia es que cuando los intereses de otros alcanzan una división, una sucursal o un área de mercado, todos los que están debilitados lo apoyarán, motivados por la envidia de aquellos a quienes dominan. Por esta razón, se debe buscar la motivación y el cumplimiento de estas proyecciones para que voluntariamente formen un solo bloque con la administración central.

Todavía, también existe el riesgo de que estos subadministradores se vuelvan demasiado fuertes y autoritarios, y si eso sucede, se convertirán fácilmente en árbitros de esa representación, dominándola. A este respecto, el que no mande bien perderá rápidamente el espacio vacío y, hasta que lo pierda, tendrá problemas y dificultades sucesivas.

En resumen, es una buena política establecer proyecciones en los espacios conquistados, promover el desarrollo de los menos poderosos sin aumentar excesivamente su fuerza, dominar hábilmente a los poderosos y evitar que los intereses alienígenas más aptos ganen fuerza. Es necesario ocupar y tomar los espacios, para que los oponentes no lo hagan antes que tú.

Aquellos que han sido perjudicados porque han perdido privilegios, posiciones generalmente serán una minoría, pero deben estar dispersos y debilitados para no dañar al nuevo líder, y aquellos que no han sufrido tendrán que tranquilizarse, por temor a que esto también ocurra suceder

Dichas ocupaciones espaciales tienen bajos costos de implementación y producen personas leales; ofende menos y, además, si el proceso se lleva a cabo bien, el ofendido no puede dañar a la administración.

EL ATAQUE

No hay nada de malo en quienes no les gusta la política, sólo que serán gobernados por aquellos a quienes les gusta.

Como personas de buena voluntad siempre buscamos ir por el camino correcto, hacer las cosas correctas y traer el bien a los demás, pero sabemos que, en contra de nuestra voluntad, el destino puede cambiar todo de vez en cuando y obligarnos a enfrentar el mal frente a frente.

Si no quieres tener problemas en el futuro, no creas en la neutralidad de tus posibles antagonistas: oponente silencioso, doble enemigo. Solo hay dos formas de relación con ellos: colaboración o conflicto, paz o guerra, pero incluso en paz ... ¡prepárate para la acción!

El enemigo golpeado no es enemigo derrotado. Si hay una gran serpiente venenosa en tu camino, no la acaricies, sino que la golpeas de manera efectiva y fuerte en tu columna vertebral de tal manera que la mates, o puede devolverte el golpe y picarte. Si hay una adicción, un defecto de conducta que se interpone en el camino de su vida, no adopte soluciones paliativas, pero apague todo de una vez, sea fatal.

Las personas deben ser bien tratadas o exterminadas, porque si pueden vengarse después de sufrir daños menores, no pueden hacerlo cuando el daño es incapacitante. De hecho, rara vez en la vida vale la pena ser grosero, pero en estas situaciones nunca vale la pena ser vacilante. En este caso, el que decida primero hacer lo que debe hacerse tendrá éxito.

Si tienes que atacar a alguien, hazlo de tal manera que no puedas vengarte. Un ataque debe ser efectivo y devastador, sin posibilidad de represalias por parte del enemigo. Si algo le impide avanzar, deshágase de él, córtalo de raíz. Si es para hacer, haga lo que debe hacerse y definitivamente. Si quieres sobrevivir a las batallas de la vida, aprende a ser despiadado a veces, porque en estos casos la piedad te llevará a la ruina. Si no tiene el coraje de actuar con dureza, no tiene derecho a quejarse. Fue Gandhi quien enseñó: el miedo tiene algún uso, ¡pero la cobardía no!

Nunca hagas ataques irreflexivos que no tengan posibilidad de victoria. Los idiotas son aquellos que hacen ofensas o ataques que simplemente irritan al oponente y le dan la oportunidad y la justificación para tomar represalias. Esta es una característica de los débiles y esclavos.

Si en paz es saludable tener la pureza de la paloma, en la guerra uno debe tener el coraje y la fuerza del león. Los ataques que no producen resultados y solo se prestan a provocar y fortalecer el sentimiento de rivalidad no tienen valor y deben evitarse.

Esto es típico de una persona que tiene una adicción a maldecir a los demás, a dar continuidad a los chistes, a la difamación y las acciones pequeñas y perjudiciales a los demás. Esta mala costumbre sólo va en contra de tu detractor, y recuerda que el que te escucha hablar mal de otra persona sabe que un día tú también puedes hablar mal de él.

Además, cuando pelee un conflicto, sea efectivo y busque una victoria rápida, ya que los enfrentamientos prolongados erosionan la fuerza y otros pueden querer aprovechar su debilitamiento. Es bien sabido que "cuando dos personas se disputan, una tercera se regocija". Sé rápido y aniquilador.

SE CAUTELOSO

La desconfianza es el faro que guía al prudente, y la angustia es el precio pagado por esta lucidez.

Decimos que nuestra presencia con las personas, espacios y eventos bajo nuestra responsabilidad es fundamental para que siempre estemos conscientes de los posibles problemas que surjan y para que podamos resolverlos o remediarlos en el momento adecuado. Un padre, un profesional, un ejecutivo de negocios, un líder o cualquier persona con visión de futuro no solo deben administrar el presente, sino también tener cuidado, pensar y anticipar el futuro, utilizando cada habilidad para predecir posibles problemas que puedan surgir para que puedan fácilmente corregirse, no permitiendo que los hechos nos sorprendan, porque si esto ocurre, el medicamento no llega a tiempo y la enfermedad se vuelve incurable y puede causar la muerte del paciente. Tenemos que tener en cuenta el futuro de las personas que dependen de nosotros y nuestro negocio, y cuidarnos a nosotros mismos. El futuro depende de lo que hagamos en nuestro presente, porque hoy somos el resultado de lo que hemos hecho en nuestro pasado. Somos el futuro, somos la revolución y la mejor manera de predecir el futuro es inventarlo hoy.

Hay que ser cauteloso en la vida y si los males se estudian de antemano, pueden resolverse rápidamente cuando surjan; pero si se ignoran, han aumentado hasta el punto de convertirse en problemas serios e incurables y no tener solución, arrastrarán muchas vidas a la miseria y la infelicidad. Ante un problema, los débiles se vuelven indecisos y se lamentan, mientras que los fuertes optan por encontrar una solución.

Lo mismo se aplica a la guerra de poder que se libra constantemente entre la virtud y el vicio dentro del ser humano. Como Saint-Exupéry escribió en "El Príncipito": las semillas de las cosas son invisibles y duermen en el secreto de la tierra, y cuando se trata de una mala planta, debemos desarraigarla tan pronto como la hayamos conocido. "Y un árbol de baobab, si nos resulta difícil encontrarlo, nunca más se deshará de él. Atraviesa todo el planeta. Lo perfora con sus raíces. Y si el planeta es pequeño y numerosos baobabs, el planeta termina agrietándose".

La adicción, nuestro gran enemigo interno, cuando se descubre debe ser radicalmente extirpada. La pasión ciega es siempre y sustancialmente malvada, porque es un movimiento irracional, enfermo y corrupto del alma, ya sea odio o piedad indebida. Tener piedad de lo malo es dañar lo bueno. La única actitud del sabio debe ser una guerra constante de aniquilación total de pasiones abrumadoras e irracionales. Los filósofos orientales enseñaron que quien vence a los demás es fuerte, quien se supera a sí mismo es poderoso.

La prudencia, la calidad de aquellos que actúan con moderación racional, buscando evitar todo lo que creen que es una fuente de error o daño, nos enseña que debemos anticiparnos a los problemas, siempre aplicándoles soluciones y nunca permitiéndoles seguir su curso perjudicial, incluso si eso significa conflictos inmediatos. Los conflictos son inevitables y cuando se retrasan son en beneficio de los oponentes. Una guerra no se previene, sino que se pospone en detrimento de sí misma.

El administrador cauteloso, ya sea de sí mismo o de una entidad, no confía en el tiempo para resolver problemas, sólo confía en su propia fuerza y prudencia, porque el tiempo se lleva todas las cosas con él y puede convertir el bien en mal y el mal en bien.

Es en la adversidad que descubrimos nuestras virtudes, nuestro coraje y nuestra cobardía.

Por lo tanto, podemos enumerar algunas reglas básicas para la persona que acaba de ganar poder y quiere conservarlo:

- Los hombres cambian señores con buena voluntad;
- Necesitas la buena voluntad de los seguidores para tener éxito;
- Cultiva amistades y relaciones que puedan traerle influencias futuras;
- Aniquilar el linaje del antiguo administrador;
- No cambie radicalmente, al menos en principio, las normas y costumbres anteriores;
- Saber como definir quiénes son tus enemigos;
- Esté presente con las personas bajo su liderazgo, sepa como escucharlas;
- Tome espacio, colonice su territorio, tenga personas de su confianza en varios puestos;

- Los hombres deben ser tratados con cuidado o exterminados;
- Si es necesario atacar, hágalo de tal manera que no se puedan tomar represalias
- Ser un defensor de los débiles;
- Debilitar a los poderosos;
- Esté alerta a la entrada de extranjeros en su territorio;
- Anticipar problemas futuros;
- Resuelva los problemas de inmediato a medida que surjan.

PRESERVANDO EL DOMINIO

Cuando tienes el poder, no hay necesidad de negociar.

Es necesario dominar para no ser dominado y una vez asumido el poder es necesario para poder mantenerlo. Mantener el poder es a menudo más difícil que ganar poder, ya que las reglas para ganar poder no son las mismas que las necesarias para mantenerlo.

Si es necesario promover el cambio e implementar un nuevo modelo de trabajo, buscando alcanzar los nuevos objetivos, solo hay tres formas de preservar el dominio, evitando que caiga bajo la influencia de otros.

El primero, que puede parecer absurdo al principio, pero simplemente consiste en extinguir lo que no está sujeto a su dominio, porque lo que ya no existe no puede caer bajo la influencia de otros. Esto se usa ampliamente en guerras, donde se destruyen ciudades, fortificaciones, de modo que el enemigo no puede tomar posesión de ese lugar. Es la conocida "tierra quemada". Es lo mismo que decirle a nuestro enemigo: si algo no puede ser para mí, tampoco estará contigo,o, en otras palabras, si algo no está a mi favor, tampoco existirá para estar en mi contra.

Esta destrucción puede hacerse de muchas maneras y aplicarse en numerosos casos. Por ejemplo, si una persona, una agencia o incluso una organización es terca para ser sumisa y no hay forma de conquistarla, una opción es destruir esa unidad o dejarla tan vacía de importancia que ya no puede molestarlo.

La pregunta que se puede hacer aquí es: ¿cuánto tiempo prevalecerá este mal? - seguido de la respuesta - ¡hasta que el bien resuelva eliminarlo!

Cuando Marcondes se hizo cargo del alcalde de su municipio, observó que el Departamento de Artes, creado por su predecesor político, se convirtió en una guarida para sus adversarios incompetentes. No vaciló, inmediatamente decretó la extinción de este órgano, pasando las atribuciones a la Secretaría de Educación y Cultura del municipio, cuyo Director era de su confianza.

Lo mismo también se aplica a una persona enemiga. Imagine a alguien que no acepta someterse a sus determinaciones. La forma más rápida y efectiva sería despedirla, pero si no puedes despedirla, una forma de destruir su mala influencia es quitarle su poder para que no signifique nada más en la estructura, relegándolo así al ostracismo

Lo mismo se aplicaría a una adicción que es mala para nuestra salud. No dudes en eliminarlo de forma rápida y letal.

La segunda forma de preservar el dominio, como se discutió anteriormente, es mantener una fuerte presencia cerca del área sobre la cual se mantendrá el dominio, inmediatamente tomando conciencia de los problemas, ya sea directamente o por medio de espías, sin dar esa oportunidad. Los impasses toman dimensiones tales que ya no pueden ser contenidos. Es una presencia masiva, constante y fuerte. El gerente ausente es un candidato fuerte para ser derrotado por la adversidad. Miguel de Cervantes dijo: "El que está ausente teme y tiene todo mal".

El tercero es asegurar que la unidad sobre la cual uno no quiere perder el poder esté dirigida por personas amigables y confiables, a fin de garantizar que se mantengan sus intereses. Es la colonización, una forma indirecta de mantener su presencia, sin olvidar nunca la capacidad necesaria del candidato.

Este gobierno subordinado amigable y leal, instituido por el nuevo líder, es consciente de que no será posible vivir sin la amistad y la protección del superior que lo nombró, y hará todo lo posible para preservarlo.

Recuerde que es con la adhesión de las mismas personas que están allí, que viven y trabajan allí, más que cualquier otra forma en que el control se mantendrá más fácilmente.

Murcio, elegido presidente de su club de recreación, se sentó con sus amigos para nombrarlos para cada uno de los departamentos, ya sea legal, fútbol, eventos, paseos en bote, etc.

Sin embargo, no importa cuánto cuidado se haga y sin cambios o innovaciones que puedan causar fricción e insatisfacción, las personas continuarán peligrosamente recordando las viejas prácticas definidas por la gerencia anterior.

Por lo tanto, es necesario analizar con experiencia caso por caso. Nietzsche dizia que um político divide los seres humanos em dos clases: instrumentos e inimigos. Si un espacio se comporta mejor y es menos propenso a la revuelta, podemos nombrar a personas de confianza para mantener la gestión. Sin embargo, si esa posición o unidad es más libre y tiene más probabilidades de rebelarse y, por lo tanto, está menos sujeta a ser dominada, debemos dirigirla o exterminarla personalmente, como se ha dicho. En estos casos, no delegue la solución de sus problemas a otros, porque la persona que quiere predominar siempre debe tomar su decisión. El éxito se logra trabajando y mirando.

SABIDURÍA AL SEGUIR BUENOS EJEMPLOS

¿De quién será la victoria? Simple. Respóndeme:
¿Qué ejército tiene los oficiales mejor preparados?

No sorprenda al lector que estamos usando algunos ejemplos. En la vida real es bueno mirar ejemplos. Los hombres prudentes a menudo recorren los caminos que los antiguos han tomado, y uno debe conocer la historia y elegir los caminos ya seguidos por aquellos que han tenido éxito, reproduciendo sus hazañas siempre que sea posible. Nada va tan bien como el ejemplo, porque un buen ejemplo facilita decisiones difíciles. Edmund Burke declaró que el ejemplo es la verdadera escuela de la humanidad y solo en ella pueden aprender los hombres.

Por eso, si un país quiere contar con buenos ciudadanos, es saludable cultivar la figura de sus héroes y sus hombres prominentes. En una familia, es importante enfatizar a los niños las virtudes y glorias de sus antepasados. También es interesante para nosotros conocer y analizar la biografía de hombres exitosos y aquellos que han ocupado el puesto que ocupamos actualmente, para aprender de sus errores y éxitos. Experiencia, prudencia e inteligencia, en resumén, los ejemplos de éxito de los antiguos es una fuente de sabiduría que nunca debe pasarse por alto. Para el filósofo Séneca, debemos elegir a un buen hombre como modelo y siempre tenerlo ante nuestros ojos, para que podamos vivir como si nos estuviera mirando y actuar como si él debería ver nuestras obras. En otras palabras, cuando encontramos personas de valor, debemos pensar en cómo podemos actuar como ellos.

Si es bueno modelar lo que ha funcionado, por otro lado, necesitamos el coraje para salir de la mediocridad, abandonar nuestra zona de conforto, atrevernos, soñar, tener grandes proyectos y, como los arqueros que miran a un punto superior, busque los ejemplos de los grandes hombres más exitosos en los más variados sectores de la actividad humana, incluso si el objetivo está por debajo del punto ambicionado.

Cuando alcanzamos una nueva posición, los problemas relacionados con la lucha por preservar ese dominio están en proporción directa con nuestra capacidad.

Más capacidad, menos problemas; menos capacidad, más conflictos. Por esta razón, el estudio, el desarrollo intelectual y el dominio de la técnica son evidentemente importantes. Instrucción humana y habilidad son sinónimos. Y tanto aquellos que han alcanzado el poder por competencia como aquellos que han ascendido por el destino necesitarán su habilidad y un poco de suerte para evitar dificultades y mantener lo que se ha logrado.

Es Elemental, que, si somos incompetentes, tendremos grandes dificultades para mantener lo que hemos logrado, por lo que debemos invertir en nosotros mismos, buscando constantemente la sabiduría y la mejora personal. Demostrar la capacidad de encontrar alternativas, trabajarlas, adaptarlas e implementarlas para la vida es crucial, es decir, es necesario agregar habilidades, combinar dones, talentos y recursos con poder. Es necesario poder hacer que las cosas sucedan, no conformarse y superarse siempre. La suerte es el encuentro de oportunidades con capacidad, dice la lección.

A menudo encontramos muchas personas menos afortunadas, que generalmente tienen antecedentes más humildes y que han alcanzado el poder por su propio mérito y trabajo duro, permanecen más tiempo en el poder, porque el éxito no es la ausencia de problemas sino la capacidad para tratar permanentemente con ellos, para encontrar las soluciones adecuadas. Estos luchadores son dignos de nuestra admiración. Además, el hecho de que estas personas ofrezcan una dedicación exclusiva al puesto, ya que no tienen otras posesiones, ayuda mucho.

Las personas que por su propio mérito logran sus objetivos después de superar grandes dificultades para lograrlos, reuniendo mucha capacidad y experiencia en el camino y, una vez allí, les resulta más fácil preservarlo.

DE LOS EFECTOS SECUNDARIOS QUE LOS CAMBIOS PUEDEN CREAR PARA MANTENER LA POSICIÓN CONQUISTADA

El hombre inaceptable es el que nunca cambia.

Una vez que se ha conquistado un nuevo nivel de poder, ya hay problemas para mantener ese puesto. Por lo tanto, uno debe mostrar competencia y coraje no solo para alcanzar el poder sino también para mantenerlo. Nunca habrá dos personas que ejerzan el poder de la misma manera, por lo que cambiar de dirección automáticamente significa innovación e inseguridad para los subordinados.

Es interesante tener en cuenta que la mayoría de las dificultades que enfrenta la estabilización de una nueva posición de mando provienen de las innovaciones y los cambios introducidos por el nuevo guardián que apunta, por un lado, a la evolución de lo que se ha logrado y, por otro lado, el logro de la seguridad misma de su nueva administración. En otras palabras, el gran desafío es modernizarse con estabilidad.

Promover el cambio siempre es difícil y arriesgado, y el éxito nunca está garantizado. Ya hemos visto que aquellos que se beneficiaron de la situación anterior se sentirán perjudicados, mientras que los nuevos beneficiarios aún se sentirán tímidos para defender la nueva posición, ya que la gente generalmente cree en el nuevo líder sólo cuando está establecido de manera concreta.

Entonces, cuando llegue la primera oportunidad, aquellos que han sido dañados atacarán fervientemente lo que se ha perdido y los demás, aún temerosos, te defenderán sin ningún estímulo.

Cuando toma una nueva posición, necesita analizar las circunstancias antes de proponer cambios.

El éxito de estas innovaciones estará más asegurado cuando reúnan la fuerza suficiente para forzar el avance de los paradigmas preestablecidos, en lugar de tener que rogarles que hagan tales cambios. Quienes propongan ir desarmados perderán la batalla.

Es fácil convencer a las personas de algo, pero es difícil mantenerlas en esta creencia, por lo que es bueno estar preparado en caso de que las personas ya no crean en los cambios, deben hacerlo imponiendo. Pero recuerde: siempre es mejor convencer que someter. Nietzsche dijo que un político divide a los seres humanos en dos clases: instrumentos y enemigos.

En estos casos no hay otra solución que fortalecer a quienes creen en el nuevo liderazgo y obligar a los no creyentes a aceptarlo.

Una vez que se eliminan los brotes de adversidad generados por su nueva posición, dichos líderes pueden ser apreciados, seguros, poderosos y felices.

Como es el ejemplo de muchos líderes exitosos, es necesario extinguir todo poder de influencia de los viejos líderes, formar nuevos militantes, no estar unidos solo a viejas amistades, sino concebir y hacer nuevos trabajos.

CUANDO SE GANA EL PODER A TRAVÉS DEL PATROCINIO

El interés explica los fenómenos más difíciles y complicados de la vida social.

Como hemos visto, una forma conocida de alcanzar el poder es mediante la protección y el favor de alguien poderoso, por recomendación de un político, un pariente, un amigo influyente, por ejemplo. Aquellos que toman el poder a través del patrocinio de otros o debido a la suerte obviamente toman poco esfuerzo para llegar allí, pero la preservación de lo que se ha logrado gentilmente generalmente se hace más difícil.

En estos casos, no se encontró ninguna dificultad para alcanzar la posición de poder cuando el protegido voló hacia él. Ahora, una vez finalizado el rango, se vuelve complicado. Debido a que han ganado el poder proporcionado por las "armas y fortunas de otros", estos jefes improvisados dependen exclusivamente de la voluntad y la suerte de quienes les han otorgado el puesto, que son dos factores extremadamente volátiles e inestables.

En estos casos, estos protegidos no saben o no pueden retener lo que se ha logrado. Si no tienen excelentes habilidades y virtudes personales, y habiendo vivido siempre en diferentes condiciones, es razonable pensar que son personas no preparadas, que no saben nada de administración, pretenciosas e ingenuas, y, por otro lado, son despojadas de su fuerza personal y leales que les garantizan la permanencia en el poder.

Es natural que lo que surge repentinamente, sin el tiempo de crecimiento necesario, o como todas las cosas que evolucionan muy rápidamente, no pueda tener raíces o extremidades simétricas y colapsar cuando llega el primer golpe de adversidad: la naturaleza no salta. No es realmente tuyo lo que te fue dado por suerte, dijo Lucilius.

Es una excepción cuando un heredero o un protegido así empoderado puede prepararse para mantener lo que la suerte ha arrojado gratis en su regazo y generalmente es incapaz de mantener sólidamente los cimientos que alguna vez pusieron otros.

El hecho es que aquellos que no han sentado las bases antes solo podrán hacer el trabajo necesario si tienen una habilidad excepcional.

Es un caso muy común de hombres que han creado una gran fortuna y están obligados, ya sea por vejez o por otras razones, a transferir su riqueza a sus herederos o sucesores. Esto es típico de los líderes establecidos que tienen dificultades para continuar con sus activos, posición social, influencia política o negocios a través de niños o protegidos malcriados o protegidos debido al lujo y al ocio patrocinado por riqueza de los propios padres. Estos son los problemas típicos que han ocurrido en el proceso de sucesión de las empresas familiares.

Aquí se aplica la máxima popular: ¡padre rico, hijo noble, nieto pobre!

Para el sucesor condescendiente, las reglas de la naturaleza no cambian, y también lo hacen las mismas normas que uno debe saber cómo protegerse de los enemigos, hacer amigos, vencer por la fuerza o la astucia, ser amado o temido, ser seguido y respetado, eliminar a quienes pueden o deberían ofender, renovar viejas instituciones, ser severos y agradecidos, magnánimos y liberales, poner fin a las fuerzas injustas y formar otras nuevas, alistar la amistad de otros líderes poderosos, para que sean solícitos en su beneficio y tengan miedo estar ofendido.

CUANDO EL PODER ES CONQUISTADO POR EL CRIMEN

El acto de injusticia nos horroriza,
por despertar en nosotros la conciencia de lo que
somos capaces.

Aunque esto nos sorprende, además de la suerte y el mérito, se pueden observar dos formas más de asumir el poder: una es obtener poder a través del crimen, de la perversidad, utilizando métodos ilegales e inmorales; el otro es ascender al poder por el favor y la simpatía de los mandados. ¿Y cuántas formas innumerables de perpetrar el mal puede concebir la imaginación humana para derrocar a cualquiera? Si esto no sirve como ejemplo, estemos alertas. Es posible que no opte por esta solución, pero tenga en cuenta que habrá muchos que no dudarán ni un segundo en utilizar este método para eliminarlo.

Sin embargo, si bien esta táctica es totalmente posible, debe tenerse en cuenta que mantener el poder que se ha logrado al cometer un delito no es una tarea fácil, ya que después de la traición es difícil poder vivir en paz y seguridad en su puesto, todavía tiene que defenderse de enemigos externos y evitar que los subordinados lo derroquen o se rebelen contra la situación lograda a través del sabotaje.

En situaciones donde el poder se ha obtenido a través de un acto reprensible, el mantenimiento es terriblemente difícil. Muchos no han podido permanecer en el poder pacíficamente debido al mal hecho, ni cumplen con las condiciones necesarias para el desarrollo normal del trabajo y para generar confianza de los otros. Algunos perdieron su corona como precio de su propio crimen, otros sus cabezas.

Sin embargo, las consecuencias dependen en gran medida de cómo se practiquen los actos de crueldad. Un acto de crueldad se puede llamar bien practicado (si dicho acto se puede llamar "bien practicado") aquellos que se realizan de una vez, por el bien del perpetrador, y luego se colocan trayendo beneficios a aquellos en los niveles más bajos de la jerarquía. Si no solo puede satisfacer sus intereses, sino preocuparse por satisfacer los intereses de los subordinados, las cosas pueden ser más fáciles. Como afirmó Alexandre Dumas: en política, querido, sabes tan bien como yo que no hay hombres, sino ideas; no hay sentimientos sino intereses;

en política nadie mata a un hombre: se elimina un obstáculo. ¡Punto final!

No es aconsejable dudar en procesos de ofensiva de larga duración que aumentan con el tiempo en lugar de detenerse. En estos casos es muy problemático retener el poder.

Aquellos que siguen la primera opción, es decir, hacen el acto duro que debe hacerse de manera rápida y efectiva, pueden con un poco de suerte y la ayuda de otros encontrar medicamentos para las consecuencias.

Es esencial que un administrador sepa que una vez que se asume el poder, uno debe definir cuidadosamente los ataques que son necesarios y luego ejecutarlos de un solo golpe para no tener que renovarlos todos los días. De esta manera, el buen líder será el que pueda inspirar confianza y ganar el apoyo de las personas que también se beneficiaron del acto duro. Recuerde que la inclinación se hace más fuerte cuando los intereses son comunes.

Todas las agresiones deben ser cometidas a la vez para que ofendan menos. El que actúa de manera diferente, ya sea por inseguridad o por prestar atención a un consejo equivocado, tendrá la necesidad continua de mantener el cuchillo en la mano y nunca podrá confiar en sus subordinados, ya que ellos tampoco pueden confiar en él por causa de los delitos constantes, una clara muestra de incompetencia.

En cuanto a la práctica del bien, la regla es exactamente opuesta, es decir, los beneficios deben distribuirse sin prisa, lentamente y con el tiempo, para que se prueben mejor. En resumen: lo mal rápido, lo bueno lentamente.

Es importante enfatizar que un gerente necesita mantener una coexistencia y procedimientos regulares dentro de las prácticas preestablecidas, estar bien proporcionados en sus actitudes, con relaciones equilibradas con sus jefes, de tal manera que ningún accidente, bueno o malo, lo haga cambiar, porque en los momentos difíciles, cuando surge la necesidad, es posible que no tengas tiempo para hacer el mal que era necesario e incluso, cuando buscas tarde para hacer el bien, ya no te traerá ningún beneficio, ya que se considerará forzado y nadie lo dará valor para esta práctica.

Por lo tanto, podemos enumerar algunas reglas básicas:

- Uno puede asumir el poder cometiendo actos criminales o inmorales;

- Uno puede asumir el poder por favor y la simpatía de los mandados;

- Incluso después de muchas traiciones, uno puede vivir en paz;

- Una vez que se obtiene el poder, los delitos necesarios deben definirse cuidadosamente.

- Los actos duros o crueles deben realizarse de un solo golpe;

- Nunca prolongar las lesiones;

- Es bueno ver que los actos duros y crueles también traen algún beneficio a los subordinados si ven intereses comunes;

-Los beneficios deberían otorgarse gradualmente para que se prueben y valoren mejor;

- El gerente debe mantener procedimientos firmes y constantes en todo momento, previendo tiempos difíciles.

CUANDO EL PODER SE GANA POR SIMPATÍA

Es más fácil obtener lo que quieres con una sonrisa que con la punta de la espada.

Como hemos visto, también es posible asumir una posición de mando, no con maldad u otro truco, sino con la recompensa o simpatía de la gente.

Sin duda, esta situación es mucho más cómoda. Para lograrlo de esta manera no se requieren grandes méritos ni mucha suerte, sino una cierta cantidad de astucia equilibrada, un poco de finura, malicia, un toque de ingenio.

En este caso, la posición deseada se puede lograr con la ayuda de los de arriba o con el apoyo de los de abajo.

En cada organización hay dos tendencias opuestas: por un lado, las personas no quieren ser oprimidas por los poderosos; por otro lado, los líderes quieren controlar las cosas. Estas dos fuerzas antagónicas que surgen de la relación entre jefes y subordinados, entre el deseo de mandar y el rechazo de ser comandado, están permanentemente presentes y generan varias situaciones interesantes.

Cuando los poderosos descubren que no podrán resistir a las presiones de sus camaradas, comienzan a fabricar la fama de un elemento propio y trabajan para convertirlo en un líder, para socavar sus intereses.

Esto es típico de muchos candidatos políticos contemporáneos, cuya imagen es fabricada con la ayuda de los medios modernos por grupos poderosos para asumir el poder político en su propio beneficio. Otro ejemplo son los líderes sindicales serviles y condescendientes que se infiltraron en los sindicatos de trabajadores.

Pero también los dominados, las personas, los empleados de una empresa, los asociados de una institución, al darse cuenta de que no pueden resistir a los grandes, también crean la reputación de una persona de su influencia y buscan elevarlos al poder para mantenerse más seguros bajo tu autoridad. La lucha entre fuerzas opuestas y universales siempre existirá, por lo que aquí, en nuestro asunto, la lucha por el poder es eterna.

Es un hecho que mantener la posición alcanzada por el patrocinio de los poderosos es más difícil que mantener una posición de comando que se logró con el apoyo de los subordinados. Además, el que ha subido al poder en beneficio de los grandes será demandado por los intereses de aquellos que no siempre son confesables, y esto limitará su poder para actuar por su propia cuenta. Honestamente, uno no puede mantener satisfechos a los grandes sin perjudicar a los demás.

Si, por un lado, el poder alcanzado democráticamente es un poder más solitario, por otro, es más fácil satisfacer a los subordinados que han dedicado su apoyo, ya que sus intereses y objetivos son más honestos que la ambición de los grandes. Estos quieren oprimir y aquellos que no quieren ser oprimidos.

Por otro lado, un comandante siempre estará sujeto a las hostilidades de los subyugados, simplemente porque están en grandes cantidades con una gran diversidad de pensamientos, objetivos e intereses variados, en cuanto a lo grande es posible satisfacerlo, porque son pocos.

Lo peor que le puede pasar a un líder es ser abandonado por sus subordinados.

Cuando existe la enemistad de los grandes, el líder no solo debe temer el abandono sino también su ataque, porque tienen una visión más amplia y más poder, siempre son más astutos y siempre tienen tiempo para salvarse, acercándose hábilmente de los probables ganadores.

Una vez más, la lección: aunque el líder puede prescindir de los poderosos, siempre necesita vivir y mantener la amistad de sus subordinados, ya que pueden retirar el apoyo a su gusto. Es decir, la famosa frase: mantén a tus amigos cerca y a tus enemigos aún más cerca.

En aras de la claridad, los grandes se pueden clasificar en dos grupos principales: los que lo apoyan en todas las situaciones y los que actúan de manera diferente.

Quienes lo apoyan y no son falsos merecen su respeto y toda su estima.

Los que no lo apoyan completamente deben ser analizados en dos aspectos: si no lo apoyan por cobardía y un defecto en su propio carácter, pueden servirlo de todos modos, especialmente si pueden dar buenos consejos, sugerencias y experiencias, en tiempos felices será útil y la adversidad tendrá poca influencia.

El problema se presenta con aquellos grandes que no lo apoyan con convicción y ambición, ya que sus intereses entran en conflicto con los suyos. Deben mantenerse bajo vigilancia constante y temerlos como enemigos, ya que en las dificultades contribuirán a su ruina.

Cuando alcanzas una posición de mando por la influencia y el favor de los mismos o subordinados, debes cultivar la amistad de estas personas que te apoyaron y nunca pensar en oprimirlos. Cuando el poder ha sido alcanzado por los poderosos, primero se debe buscar ganar la simpatía y la amistad de los subordinados. En ambos casos, es necesario buscar tener la estima, la simpatía y la camaradería de quienes están bajo sus órdenes.

Es necesario no solo ser estimado, sino buscar satisfacer los anhelos de los subordinados. Es útil notar que los hombres, al recibir un beneficio del que solo estaba esperando el mal, brindan su apoyo al benefactor, convirtiéndose en su amigo más rápido que si el líder hubiera tomado esa posición debido a su favor. Estas ventajas, mejoras, beneficios, ayuda que se debe ofrecer a los subordinados no tienen una regla fija porque varían según las circunstancias de la organización en la que se encuentran.

Todo es precioso para quien ha estado privado de todo durante mucho tiempo.

La verdad es que debe adorar la amistad y la camaradería de su gente, o tendrá dificultades en los momentos difíciles de su carrera administrativa.

Además, el viejo proverbio dice que quienes confían en las personas tienen fundamentos de arcilla. Esto se debe a que, incluso si se estima, un líder no debe enseñar que los inferiores lo salvarán en las situaciones más difíciles. Hay muchos errores a respecto.

Sin embargo, si sabe mandar y es valiente, no se desanima por la adversidad, y por sus méritos ha inspirado la confianza de sus seguidores, nunca será engañado por ellos y verá que sus cimientos se fortalecerán.

Cuando existe una jerarquía compleja y descentralizada, en los momentos más adversos, sus órdenes pueden no ser cumplidas completamente por los jefes menores e incluso pueden ser hostiles y desafiar su poder.

Cuando todo está bien y las cosas se mueven en paz, todos lo ven hacer promesas de amistad e dar su vida por usted, pero en tiempos de guerra y si realmente necesita el sacrificio de las personas, son pocos los que están listos para luchar. Como Sun Tzu enseñó, el que se esfuerza por resolver las dificultades las resuelve antes de que surjan, y el que anticipa vencer a los enemigos triunfa antes de que sus amenazas se hagan realidad.

Se deduce, entonces, que un líder reflexivo debe pensar en posibles formas de convencer a sus subordinados de que su autoridad es muy necesaria y beneficiosa para todos, y hacerlos conscientes de que sus trabajos o puestos dependen del éxito de su administración, luego pueden ser juzgados confiables.

Algunas leccionesque podemos aprender:

- El poder se puede lograr a través del patrocinio de los que están debajo de ti;

- El poder se puede lograr a través del patrocinio de los que están por encima de usted

- En caso de que el soporte provenga de abajo, es necesario un poco de astucia y mérito;

- La gente común rechaza ser oprimida, los hombres poderosos siempre pretenden mandar;

- Hombres poderosos fabrican la fama de un líder para infiltrarse;

- Los subordinados también construyen una reputación para construir líderes confiables;

- El patrocinado por los poderosos puede tener más dificultades para mantener el poder y tendrá su poder reducido;

- Las necesidades de los subordinados son más honestas

- Es más fácil satisfacer a los grandes porque son pocos;

- El grande no puede ser satisfecho sin dañar a los demás;

- El peor que le puede pasar a un líder es ser abandonado por sus seguidores;

- Cuidado con los grandes y ambiciosos, siempre alerta;

- Respeta y valora a los que te apoyan, nunca los oprimas;

- Siempre cultivar la amistad de los subordinados;

- Los que confían en las personas tienen una base de arcilla;

- En tiempos difíciles, hay pocos;

- Convencerse de que los intereses de los demás también dependen de su éxito;

- Anticípese a la solución de sus dificultades futuras.

EL VERDADERO ARTE DEL COMANDO

El futuro pertenece a los enérgicos que esperan y actúan con firmeza, pero no a los tímidos, indecisos, irresolutos.

El trabajo de un líder debe ser pensar y prepararse constantemente para enfrentar la adversidad, así como seguir planes definidos y mantener su propia disciplina y la de sus subordinados, ya que este es el único arte verdadero que se espera de quien manda

Uno siempre debe ser consciente del futuro. Un verdadero líder no debe estar atrapado solo con los problemas actuales, sino en un estado constante de atención y análisis de la dirección de su organización, pensando en las prioridades estratégicas que se adoptarán para el futuro.

Esta práctica, esta manera providente de actuar es tan importante que no solo mantiene a un líder en el poder, sino que es capaz de hacer que una persona logre lo que quiere.

La prevención, es decir, la actitud y la acción que, de antemano, busca prevenir la ocurrencia de un mal, es una cualidad básica del ser pensante, el que coloca la conciencia antes de cada palabra, cada actitud, cada decisión. Un hombre se da a conocer por sus acciones, si son buenas, los resultados también serán buenos.

Dios no nos dio el espíritu de timidez, pero de fuerza, de amor, de prudencia, es lo que se enseña en la Epístola de San Pablo. La prudencia es la cualidad de quienes piensan y actúan con moderación, es el hombre previsor que busca evitar de antemano todo lo que cree que es una fuente de error o daño. Es la actitud precautoria adecuada. Ser prudente no es dejarse sorprender por la adversidad, es la marca de la circunspección reflexiva, la ponderación de los juicios, la sabiduría del carácter.

Es fácil ver varios ejemplos de aquellos que perdieron todo lo que tenían cuando se dejaron llevar por el lujo en lugar del trabajo.

La primera causa que puede llevar a uno a perder lo que se ha logrado es descuidar este arte de gobernar y, por otro lado, su ejercicio puede conducir a la conquista del poder.

Hay innumerables ejemplos de hombres que, por su aplicación, su arduo trabajo, su manejo pertinente de las dificultades de la vida futura y su autodisciplina, han logrado ganar posiciones de prominencia en sus áreas, mientras que sus hijos, con su carácter debilitado por la ociosidad, eluden las responsabilidades. Y engañados por el lujo y la facilidad de los logros de sus padres, terminaron en desgracia.

El que no se prepara constantemente para los enfrentamientos de la vida, que no sabe cómo mantenerse firme en las situaciones críticas que el destino le tiene reservado, será fatalmente sometido a aquellos que se han preparado para prepararse. Nadie debería sentarse en el banco esperando grandes oportunidades, la suerte solo ayuda a quienes se ayudan a sí mismos. Quien no esté preparado para el futuro perderá el poder, quien lo prepare lo conquistará.

No hay comparación entre un hombre preparado y uno no preparado. ¿Quien anticipó los problemas, quien planeó con anticipación, quien premeditó su aptitud, quien buscó desarrollar sus habilidades, obedecería voluntariamente a los no aptos? El no apto nunca está seguro en el poder.

Un líder que no ha reunido las habilidades necesarias para realizar su función, que no ha desarrollado la aptitud y el talento para lo que se ha propuesto, y que está listo para otra infelicidad, no contará con la estima de sus subordinados ni podrá confiar en ellos.

Por lo tanto, incluso en tiempos de prosperidad y paz, debe tener cuidado para prepararse para los desafíos del futuro, capacitándose constantemente a sí mismo y a sus subordinados para los inevitables choques del futuro. La inacción enfría las energías del alma, la pereza camina tan lentamente que la miseria lo alcanza fácilmente. La pereza y la cobardía son las razones por las cuales los hombres se vuelven espontáneamente más pequeños y se convierten en sirvientes de los demás, lo que hace que sea tan fácil mandar y explotar. La pobreza material e intelectual siempre van de la mano con la pereza.

Al igual que los ejércitos, incluso en momentos de calma o cuando las dificultades no se presentan, es importante estar atento a la capacitación y la mejora constantes, y analizar las posibles situaciones que pueden surgir en el futuro y, si y cuándo en tiempos de hostilidad, el líder y sus subordinados podrán enfrentarlos y no serán tomados por sorpresa.

El líder que falla a este respecto falla en la primera cualidad que debe poseer un comandante, porque es esta práctica saludable que enseña a reconocer al enemigo cuando se presenta de diversas maneras, que enseña el tiempo para retirarse, el tiempo para invertir, qué estrategia aplicar, donde puede obtener la mayor ventaja sobre los competidores. Es por eso que siempre debemos estar preparándonos para futuras batallas, incluso en tiempos de paz.

No es demasiado agregar que un líder debe ser, ante todo, un hombre bien formado física e intelectualmente, invirtiendo constantemente en su conocimiento, siendo informado de todo lo que sucede en el mundo sobre su campo, evaluando las acciones tomadas por aquellos que han tenido éxito, cómo fueron guiados los grandes exponentes, cuáles son sus errores y éxitos, y siempre que sea posible, aplique las fórmulas ya probadas, tratando de escapar de los errores ya cometidos. Tener la costumbre de leer la biografía de grandes hombres es una buena práctica. Y vale la pena recordar que aprende más al estudiar los negocios que salen mal que los que funcionan.

Un ejecutivo sabio debe prestar atención a estas cosas y nunca conformarse, nunca permanecer inactivo en tiempos de paz; por el contrario, debe reunir astutamente conocimiento que pueda usarse en la adversidad, para que siempre esté listo para enfrentarlos.

Algunos consejos que podemos aprender de estas lecciones:

- Siempre debemos estar preparándonos para el futuro;

- Debemos ser disciplinados;

- Siempre debemos estar preparados para la guerra, incluso en tiempos de paz.

- Debemos tratar de ser competentes en lo que hacemos;

- No debemos permitirnos ser esclavos del lujo y la ociosidad;

- El sillón y la zapatilla son mortales para el líder;

- Una persona incompetente no tiene el respeto de sus subordinados;

REPUTACIÓN

Una buena reputación es un segundo activo.

El punto muy interesante que surge ahora es: si queremos disfrutar de un concepto positivo en un grupo, ¿cómo debemos comportarnos con los demás, con nuestros subordinados y con nuestros amigos?

El que se comporta como una oveja entre los lobos, un hombre que se basa únicamente en la bondad entre los malvados será fatalmente condenado, y más aún, también puede condenar a quienes dependen de él. En muchas situaciones de nuestras vidas puede ser necesario que podamos dosificar una cierta "dureza del procedimiento".

Por controvertido que sea, nos guste o no, si queremos poder defender y conservar lo que tenemos y que a menudo se ha obtenido a través del trabajo duro y el sudor, debemos aprender a usar un cierto grado de severidad empleando una dosis de rusticidad y frialdad según lo requieran las circunstancias, contra aquellos que nos harían daño.

Cuando estamos en una posición prominente podemos ganar notoriedad por lo que las personas aprueban o desaprueban en nuestro comportamiento. Es prácticamente imposible escapar del juicio de la sociedad en la que vivimos, ya sea que tengamos una buena o mala opinión, siempre habrá un juicio público sobre nosotros.

A medida que vivimos en la sociedad, las personas siempre nos juzgarán y etiquetarán, y algunos tendrán reputación de liberales, otros serán avaros; algunos se ganarán el concepto de pródigos y otros como corruptos; algunos famosos como crueles, otros como piadosos; alguna imagen de falso o leal, delicado o truculento, cobarde o valiente, humanitario o egoísta, lascivo o casto, estúpido o astuto, enérgico o débil, religioso o incrédulo, etc.

La reputación es un tesoro precioso que debemos recolectar y proteger constantemente, y la fama siempre es la madre de todas las virtudes. Es elemental que siempre tengamos que preocuparnos por nuestra reputación, nuestra imagen pública, nuestro marketing personal, y los que son reconocidos por tener o poseer buenas cualidades serán alabados.

Pero, estamos hablando de hombres normales y falibles y la naturaleza humana no permite la posesión de todas las virtudes e incluso su práctica no es consistente. Por lo tanto, debemos tener cuidado con nuestra reputación hasta el punto de que nuestros defectos no puedan dañar nuestra posición o amistad, buscando practicar, siempre que sea posible, las cualidades que nos garantizan una buena reputación.

Es un buen consejo invertir en una calidad única y simple, por ejemplo, mejorando la honestidad, la capacidad o la articulación.

La reputación es su tarjeta de presentación y siempre vendrá antes que usted, y créame, cuando llegue, habrá pasado mucho por su fama.

Como dice el refrán: la fama hace eco lejos, llegando más rápido a malo que a bueno.Por esta razón, sacudir la reputación de otra persona es un arma muy poderosa, pero que puede volverse contra el calumniador al exponer su naturaleza vengativa y chismosa.

Sin embargo, luchando por una buena reputación y haciendo lo que podamos, si no podemos alcanzar un punto ideal, debemos dejar que las cosas sigan su curso natural sin mucha preocupación de nuestra parte.

No todo lo que brilla es oro. A veces no deberíamos preocuparnos demasiado por la reputación de tener ciertos defectos si tenemos que hacer un seguimiento de las cosas, porque si miramos con cuidado habrá cosas que parecen virtudes y que si se practican conducirán a la ruina, mientras que otras pueden parecer incorrecto, pero si se practica traerá bienestar y seguridad para usted y los suyos.

Es el precio que paga por mantener el poder. Por ejemplo, un administrador puede necesitar ser enérgico y codicioso por los gastos o ser muy exigente con los empleados para que el negocio no esté en crisis. En este caso, poco importa que hablen de usted, porque lo importante es que el negocio continúa prosperando, asegurando el trabajo de todos.

Un buen ejemplo es el padre, que, buscando asegurar el futuro y los estudios de sus hijos, requiere energía en la disciplina y contención del gasto. No importa mucho si te llamas una persona austera. De hecho, un cabeza de familia derrochador puede parecer momentáneamente virtuoso para los niños, pero lo más probable es que comprometa de manera irresponsable el futuro de su descendencia. Lo mismo puede decirse del jefe del departamento de costos de una empresa o de un gobierno. Obviamente, el exceso en estos casos no sería útil.

Un instructor militar, un jefe, un entrenador deportivo o un padre, un administrador, un líder, que no puede ser duro cuando se trata de disciplinar a sus subordinados o criar a sus hijos, estará condenado al fracaso. Lo mismo debo aplicar a mis éxtasis.

¿GASTADOR O AVARO?

Lo económico tiene todo para ganar.

Esta es una pregunta muy pertinente. Tenemos que aprender a dirigir el dinero para que el dinero no nos dirija, y aquí viene una vieja y sugerente pregunta: ¿es bueno ser juzgado como un gastador o seguro para quienes dependen de nuestro liderazgo?

Digamos que es bueno para un jefe o líder disfrutar de la reputación de ser una persona que fácilmente mete la mano en el bolsillo, que gasta fácilmente, que es generoso con sus empleados. Pero si practica este gasto de manera virtuosa, es decir, provisto anónimamente con buena discreción, para que nadie lo sepa, obviamente no tendrá ninguna ventaja para su reputación y no lo librará de una posible reputación de mezquindad en el futuro.

Cualquiera que quiera disfrutar el concepto de una persona generosa con dinero no puede dejar de lado ninguna forma de exhibición y extravagancia.

El problema es que una vez que los recursos se gastan más allá de su capacidad, tienen que buscar dinero de todos modos, lo que lleva a sacrificios de líderes aún mayores y, sin tener más recursos para mantener la tasa de gasto anterior, aún serán considerados miserables e incompetentes por quiebra o insolvencia.

Es como si el tonto hubiera puesto una trampa. Este comportamiento eventualmente conducirá al desprecio por parte de sus subordinados y, en última instancia, provocará percances y males de la pobreza.Por lo tanto, el gasto excesivo de un líder beneficiará a unos pocos y perjudicará a muchos, presentando serios riesgos para mantener su posición. Y si se da cuenta de esta situación tarde y trata de retirarse, rápidamente obtendrá la reputación de un avaro.

Por lo tanto, un líder que se respete a sí mismo debe ser restringido en el gasto de recursos, incluso si inicialmente se llama tacaño, ya que con el tiempo y dentro de las posibilidades puede resultar más generoso. Al actuar con cautela en la gestión de los recursos disponibles, el líder brindará seguridad a quienes estén bajo su dirección, demostrando la capacidad suficiente para enfrentar dificultades futuras o alcanzar las metas deseadas.

Es interesante notar que la reputación de un gerente no aparece en el balance general de la compañía, sino solo el resultado de las decisiones.

Estas reglas deben aplicarse a todo tipo de recursos, incluidas nuestras energías que deben ser cuidadosamente preservadas y dirigidas de manera competente para lograr nuestros objetivos. Muchas personas tienen buenas ideas, buenos valores e incluso pueden generar energía y motivar a las personas, pero por alguna razón no pueden dirigir esa energía al objetivo deseado, desperdiciándola inútilmente en el camino.

De hecho, el verdadero líder generoso es aquel que actúa con moderación y no hace daño a sus seguidores, a pesar de que puede ser considerado miserable en la opinión de unos pocos que no comprenden ni son conscientes de la necesidad de administrar los escasos recursos.

Si bien nadie se enriquece solo ahorrando, puede ver que quienes gastan sin pensar se arruinan o se arruinarán, mientras que aquellos que astutamente logran ahorrar y administrar los recursos disponibles pueden lograr sus objetivos.

Está claro que un líder debe ser un ejemplo del líder de bajo costo, para no verse obligado a cargar a sus empleados, su familia o aquellos que viven bajo su responsabilidad, para poder protegerse contra las dificultades futuras y no empobrecerse y convertirse en un fracaso, y lo que es peor, a menudo en necesidad de sumisión tuvo que actuar como un mendigo o un inmoral. Un hombre que no puede controlarse a sí mismo se vuelve absurdo cuando quiere controlar a los demás.

Cuando estamos a cargo, no deberíamos preocuparnos mucho por la reputación de la economía, porque esta es una de las deficiencias que brinda la oportunidad de gobernar bien. Si tenemos que gastar lo que no tenemos, tenemos que gastar lo que pertenece a los demás.

De ello se deduce que es más prudente disfrutar de la reputación de ser económico, es decir, alguien extremadamente controlado en el gasto, que inicialmente puede causar una mala reputación, pero sin odio, que lograr la reputación de ser un sumidero y tener una imagen como irresponsable y actuando inmoralmente, lo cual es una infamia odiosa.

Algunas lecciones que podemos extraer de esto:

- *Debemos aprender a dirigir el dinero para que el dinero no nos dirija;*

- *Si quieres tener fama de generoso con el dinero no debería ocultarlo*

- *El derrochador, cayendo en la miseria, perderá el prestigio de todos;*

- *El líder debe administrar los recursos con moderación y competencia;*

- *La fama no aparece en el balance de la compañía;*

- *El líder debe ser un ejemplo de alguien que tiene pocos gastos;*

- *Mejor ser llamado miserable que derrochador;*

- *No se preocupe por la reputación de ser miserable, ya que le da la oportunidad de gobernar bien.*

¿ES MEJOR SER AMADO O SER TEMIDO?

Siempre se debe temer por los castigos que puede infligir.

Este es uno de los temas fundamentales para aquellos que quieren comandar. Si le preguntarán si le gustaría tener la reputación de ser estimado o cruel, por supuesto, respondería que le gustaría tener la reputación de ser amable y compasivo. Cualquier persona a cargo obviamente tiene el deseo de ser amado por todos. Es humano amar ser amado, porque el amor embellece nuestra existencia y respira nuestro espíritu con el deseo de afecto mutuo. Hécate dice: "Te daré una receta para el amor que no requiere filtros, hierbas o fórmulas de brujería: si quieres ser amado, ¡ama! Siempre apreciamos la esperanza de ser amado, pero la realidad del mundo no siempre lo permite".

Entonces surge la pregunta: ¿qué pasa si uno tiene que ser odiado para mantener el poder en lugar de ser amado?

Las cosas pueden ser diferentes cuando necesitas gobernar. Como líder, en el ejercicio efectivo del poder, las cosas cambian y la reputación de una persona de gran benevolencia puede ser perjudicial para su gobierno.

De hecho, un gerente no debe preocuparse por tener la reputación de ser exigente si, a cambio, mantiene a los que están bajo su cargo disciplinados, unidos y comprometidos con los objetivos de su negocio. Un administrador tiene que ser eficiente primero y no necesariamente bueno.

Por más paradójico que nos parezca, incluso con algunos castigos ejemplares, un líder duro será más piadoso que uno que pierda la autoridad por la misericordia excesiva, dejando el desorden y la falta de armonía que resultarán en daño a todos y conduciendo a arruinar un negocio o una familia.

Por lo tanto, un líder excesivamente compasivo dañará a toda una comunidad, mientras que alguién que aplique algunas sanciones ejemplares y necesarias hará menos daño. Esto, de hecho, es un análisis realista de las cosas.

Algunas situaciones inesperadas pueden requerir que actúe cruelmente, especialmente por aquellos que recientemente han asumido sus posiciones y cuya autoridad de mando es probada por sus subordinados. En situaciones tan inesperadas, será difícil evitar ser llamado despiadado.

Sin embargo, tenga mucho cuidado con lo que se ha dicho anteriormente, porque necesita usar talento para saber cómo dosificar las cosas. El líder debe ser equilibrado en sus juicios y acciones, no temer a sí mismo, y proceder con moderación, prudencia y humanidad hacia las personas bajo su mando. Debe tener sentido común para que la excesiva confianza en sí mismo no lo convierta en un incauto y, por otro lado, esa inseguridad exagerada no lo convierta en un sujeto débil. Debemos tratar a nuestros subordinados como nos gustaría que nuestros superiores nos tratasen, pero si es necesario, debemos saber como ser caluroso.

Pero volviendo a la pregunta, ¿es mejor ser amado o ser temido? La respuesta correcta es que sería genial ser amado y respetado al mismo tiempo.

Pero la práctica ha demostrado que ni siquiera es posible armonizar los dos, por lo que, en situaciones tan reales, si uno tiene que elegir entre una de las dos opciones, no tenga dudas de que es más seguro ser temido.

Siendo realistas, en los momentos más críticos y difíciles, no es raro que los hombres sean desagradecidos, volubles e hipócritas, huyan del peligro y siempre estén ansiosos por obtener mayores ganancias, le den la espalda y actúen por sus propios intereses y traicionen la amistad.

Un enjambre de amigos rodea a los ricos, mientras que la soledad es la marca de los arruinados, los amigos interesados huyen donde son probados; de ahí todos estos tristes ejemplos de deserciones o traiciones. Mientras tus actitudes mantengan la cordialidad con ellos y las cosas estén en paz, las personas serán tus amigos, ofreciéndote lealtad ciega y todo lo que sea más valioso estará disponible para ellos. Pero cuando las nubes oscuras cubren tu cielo y surge la necesidad, te darán la espalda. Esto se debe a que la colegialidad o la amistad obtenida a expensas de los favores e intereses son como cosas compradas, y realmente nunca las obtienes, no puedes contar con ellas. Aquellos que se han convertido en amigos por conveniencia también dejan de ser amigos por conveniencia.

Tal vez con demasiada severidad, el faraón Amenemhat predije: "No confíes en un hermano, no conozcas a un amigo, no crees intimidad contigo mismo. Esto no será útil, porque en el momento de la infelicidad un hombre no encuentra amigos". El profeta Jeremías advirtió que el hombre que confía en el hombre sea maldecido.

Es cierto que con raras amistades sinceras y nobles las cosas pueden ser muy diferentes. Por muy alta que sea la posición, no hay nadie que no necesite un verdadero amigo.

Pero, el hecho es que en tiempos de crisis los hombres respetarán al gobernante temido más que aquellos que se han hecho amables, respetarán al león en lugar de a la paloma, obedecerán el temor en lugar del apego. Los hombres que son inestables rompen al principio la relación amistosa, mientras que una relación de miedo se mantendrá gracias a la cobardía del castigo o daño que puede venir, miedo que nunca te abandona.

El líder debe ser mínimamente temido cuando no puede ser admirado, pero este respeto debe medirse bien para no crear rencores y odio demasiado. Es perfectamente posible ser temido sin ser odiado.

Si es necesario actuar contra un subordinado o enemigo, debe haber una razón clara y justa, incluyendo evitar tanto como sea posible para causar cualquier tipo de daño material o financiero, porque las personas olvidan la muerte del padre más rápido que la pérdida de propiedad.

Por ejemplo, cuando una persona es directora de una gran empresa y tiene una multitud de personas bajo su mando, no es necesario que te culpes por tener reputación de ser austero, porque sin esa fama estás en riesgo y puedes condenar la efectividad de tu empresa.

Para lograr el éxito deseado, muchos grandes administradores pudieron combinar la virtud y la austeridad, a pesar de que esta austeridad podría significar una especie de miedo por parte de sus camaradas, que impidió la aparición de indisciplina y se extendió entre ellos y entre ellos y el líder. Eso es correcto en tiempos de mayor adversidad. Y sin este temor, sus virtudes por sí solas no habrían sido suficientes para lograr buenos resultados. El éxito siempre ha estado del lado de líderes fuertes.

También hay innumerables ejemplos de colapsos debido a la debilidad del carácter del conductor, lo que resulta en la desorganización, la anarquía y el no compromiso de los subordinados con los objetivos establecidos por el liderazgo.

Ahora, volviendo a la pregunta inicial, si es preferible ser amado o ser temido, uno puede concluir que los hombres aman cuando es conveniente para ellos y temen cuando es conveniente para el líder.

En otras palabras, es más seguro para un líder apoyarse en lo que ha logrado para sí mismo que en lo que depende de los demás, sin embargo, tratar de evitar ser odiado, y si no pueden ser amados, simplemente deben temerle.

¿CÓMO DEBEMOS CUMPLIR NUESTRAS PROMESAS?

Los perros, como los hombres, a menudo son castigados por su fidelidad.

No hay duda de que es digno de elogio que un líder sea fiel a la palabra dada y ciertamente una persona justa y honesta. Por lo tanto, el hombre moral es alguien que es fiel a su compromiso, que cumple la promesa prometida. La fidelidad es un principio ético, es la dedicación consciente, práctica y completa de una persona a una causa, la creencia en la constancia de valores más altos, y esta reputación abrirá puertas en la vida.

Sin embargo, no se puede negar el hecho de que muchas personas realizarón grandes acciones ignorando la palabra comprometida y pudieron engañar hábilmente la inteligencia de los hombres de buena fe y, sin embargo, superaron a los que actuaron fielmente.

Aunque el comando a menudo significa servir, si quieres mantener las cosas al mando, debes entender que tienes que luchar y en situaciones de guerra las cosas no son lo que nos gustaría que fueran. Entonces debemos saber que hay dos formas de pelear: una es pelear dentro de las reglas, la otra es pelear usando el poder.

La lucha de acuerdo con las reglas del juego, especialmente las reglas morales, es propia del hombre, mientras que la lucha basada en el poder y la imposición bruta es característica de los animales, pero es utilizada por muchos hombres ganadores.

Cuando se desea ardientemente lograr una meta y la primera forma resulta insuficiente, puede ser necesario recurrir a la segunda opción y contra la fuerza no hay argumentos. En este caso, para ser una persona victoriosa a veces es necesario saber cómo dosificar adecuadamente al animal y al hombre dentro de nosotros. Las viejas lecciones ya nos contarón sobre este doble aspecto de la naturaleza humana, y un buen ejemplo de esto es la lección que enseña la doble figura del hombre y el animal de la antigua Esfinge de Guiza en Egipto.

En el lado animal debemos tomar al león y al zorro como símbolos. El león que habita en nosotros evoca la figura del poderoso luchador, el soberano, él es el rey de las bestias y lleva la encarnación de la fuerza y, por otro lado, el exceso de orgullo y confianza en sí mismo, además de la figura del padre protector, del dominador que, sin embargo, peligrosamente eclipsado por su propio poder, podría convertirse en un tirano.

Por otro lado, encarnando las contradicciones inherentes a la naturaleza humana, el zorro representa el rostro activo, inventivo, pero al mismo tiempo destructivo, audaz, pero temeroso, inquieto, malicioso e inteligente de la persona humana.

A medida que surgen situaciones, estos dos aspectos deben aplicarse sabiamente. El león bruto no puede defenderse de las trampas establecidas por el enemigo, y el zorro no tiene fuerzas para defenderse de los lobos. Es indispensable, por lo tanto, ser un zorro para conocer y escapar de las trampas, y un león para asustar a los lobos a través de la fuerza bruta. Uno debe saber cuándo ser astuto o cuándo usar el poder.

Quien se comporte solo como un león invariablemente estará condenado al fracaso. Es el famoso bruto que piensa que solo por la ferocidad, la presión o el miedo pueden ganar todas las batallas. No te impongas por la fuerza. De lo contrario, se te impondrán por la fuerza, dice la máxima.

Aunque a veces se requiere fuerza, en otras ocasiones la astucia del zorro puede lograr lo que el león no pudo. Es mejor ser un zorro vivo que un león muerto, pero algunas personas se costumbran tanto al ejercicio del dominio que se olvidan de pensar y terminan en desgracia.

Por lo tanto, concluimos que cuando comprometemos nuestra palabra, por ejemplo, no solo podemos actuar como el león, sino que debemos usar la astucia y la prudencia del zorro para tratar de analizar tanto como sea posible los efectos de nuestra acción para que no se convierta en una trampa para nosotros. Por esta razón, se afirma que una persona prudente no puede ni debe mantener una palabra comprometida cuando tal cumplimiento se vuelve en su contra, o cuando los motivos que lo comprometieron ya se han ido. Y aquí la prudencia significa una mirada realista. Esta es quizás una de las propuestas más controvertidas en Maquiavelo.

En el área de la ley, existe una disposición para el incumplimiento de un compromiso hecho cuando un acto posterior de Dios o fuerza mayor hace que sea imposible cumplirlo.

Hay eventos que son independientes de la voluntad humana y exceden su fuerza, y el deber de cumplir la promesa debe cesar. Un ejemplo es una huelga que ha paralizado una fábrica e impide que el empresario cumpla con el cronograma de entrega de sus productos; otra es una inundación que cruza una carretera y prohíbe que una persona esté presente en una cita importante; así que hay muchos otros ejemplos. En estos y muchos otros casos, surge un hecho nuevo, más allá de la voluntad de las partes, cuyos efectos no podrían evitarse.

Otra situación similar, es cuando se asume una obligación en función de ciertas circunstancias económicas y sociales y, en caso de cambios imprevistos y profundos en la tabla de valores económicos, es injusto exigir el cumplimiento estricto de un compromiso o contrato. Un ejemplo de esto es el caso de una persona que compró un vehículo en cuotas vinculadas a una moneda extranjera y en el caso de una fuerte devaluación de la moneda debido a una crisis económica, el valor del paquete se multiplica haciendo que el deudor sea absurdo e invaluable.

Cuántos políticos en sus campañas electorales nos llenan de promesas que nunca se cumplirán. Un líder nunca careció de razones legítimas para justificar el no seguir una palabra determinada. Puede encontrar un sinfín de ejemplos y mostrar cuántos acuerdos y promesas fueron inútiles y fútiles debido al incumplimiento de las personas. Y el que mejor sabía comportarse como un zorro, es decir, el que mejor sabía cómo escapar de las trampas, ganó.

Aunque esto es una realidad en la vida cotidiana de las personas, debemos ser capaces de disfrazar bien esta naturaleza, sabiendo simular y disimular. Y los hombres son tan simples y tan obedientes a las necesidades del momento que el engañador siempre encontrará a alguien a quien engañar. Esta realidad debe estar continuamente presente en nuestra mente para evitar que caigamos en trampas y, si no deseamos engañar, al menos no ser engañados tontos.

Podemos definir por honor la consideración que otras personas tienen por nuestros talentos, nuestro coraje, nuestras buenas acciones, nuestras virtudes, incluida nuestra fidelidad a nuestros compromisos. La autoimagen debe ser una preocupación incesante, ya que una persona debe mostrar clemencia, fidelidad, humanidad, integridad, religiosidad y realmente ser, pero estar tan dispuesto al espíritu que, si es necesario, tiene La capacidad de analizar fríamente la situación.

Por supuesto, estas proposiciones pueden perturbar nuestras mentes. Es muy común que cuando hablamos de nosotros mismos nos consideremos coherentes y llenos de virtudes. De hecho, es muy difícil para alguien declararse oculto, fingido o codicioso, esto siempre es culpa de los demás. Y esta característica de encontrarse perfecto, sin debilidad y por encima del vicio es el sello distintivo de aquellos que tienen cierta debilidad de carácter, falta de humildad reflexiva e hipocresía excesiva. De hecho, ni nosotros ni el mundo tenemos razón. Necesitamos reconocer este aspecto de las cosas.

Vivir requiere disposición para el cambio y para lo nuevo. Esto nos enseña que debemos tener una mente evolutiva, que debemos estar dispuestos a cambiar de opinión y no cultivar prejuicios, rompiendo cuando sea necesario con el lenguaje del pasado. Y ser evolutivo significa comprender y buscar aceptar la evolución de las cosas, el desarrollo de la ciencia y los valores humanos a lo largo de la historia. Cambiar de opinión, cuando este cambio se basa en razones abiertas y de mente abierta, es un rasgo útil para una persona que quiere ser contemporáneo. La arrogancia que creemos que sabemos todo es el principio de nuestro fin. La vanidad es el plato de los tontos.

Un hombre a la cabeza de su país no puede observar todas las reglas de la bondad, ya que a menudo para preservar el estado puede ser llevado a actuar rompiendo algunos preceptos de fe, caridad e incluso religión. Ahora, si un país es atacado por enemigos sanguinario, todos esperan que el gobernante reúna sus fuerzas en defensa de sus ciudadanos, incluso si es necesario usar armas, emboscadas y eliminar al enemigo. Esto es contra la religión, contra la humanidad, pero es totalmente justificable en una situación de supervivencia. Hasta cierto punto, también es inhumano que un jefe de policía determine el uso de la fuerza como el único recurso para frenar a los alborotadores que están atacando a las personas y destruyendo todo lo que les espera, y, sin embargo, hasta cierto punto es contra la caridad que un padre interrumpa el dinero de su hijo, que se había comprometido a dar todo el mes, como una reprimenda por su grave mala conducta.

Lo que esto nos dice es que hay fallas en las excepciones incluso a los valores más altos y, a veces, debemos hacer lo que sea necesario para defender nuestros intereses o los intereses de quienes dependen de nosotros y de quienes somos responsables.

Hay momentos en que el juicio de la realidad se superpone al juicio del valor. Durante el bombardeo de Berlín en la Segunda Guerra Mundial, varios animales feroces huyeron del zoológico, corriendo por las calles. La matanza de estos animales constituye para sus autores una necesidad totalmente justificable.

Quizás haya, en este pensamiento, una asimilación del concepto legal del estado de necesidad, donde un interés propio en peligro se justifica, para eliminarlo, la lesión del interés de los demás. Otro ejemplo es el médico que practica un aborto cuando no hay otra manera de salvar la vida de la mujer embarazada. Estos casos quedan impunes por el tribunal.

Todavía es común en estas situaciones, cuando no hay un tribunal para apelar, prestar atención al resultado. Debemos saber cómo defendernos, y especialmente nuestros derechos, porque si no lo hacemos, otros lo harán, y cuando lo logremos, los medios serán considerados honorables y alabados por todos, porque las personas generalmente son seducidas por el resultado final de las cosas.

Por lo tanto, en ciertas situaciones es justificable actuar de manera diferente a lo prometido para evitar dañar nuestros intereses en detrimento de los demás, especialmente cuando los motivos que nos hicieron comprometernos han cambiado.

Todo lo que se ha expuesto debe convertirse en una gran advertencia para nosotros, haciéndonos conscientes de cuán críticos, previsores y cautelosos debemos ser al comprometer nuestra palabra y, por otro lado, también muy importante, cuán críticos, previsores y cautelosos. debemos estar cuando confiamos en la palabra de alguien. ¿Recuerdas lo que hablaron Faraón y el profeta Jeremías?

Del mismo modo que es muy importante actuar con el debido cuidado al hacer una promesa, porque en el futuro puede convertirse en una trampa, volverse contra nosotros, es igualmente peligroso confiar en las palabras de los demás, ya que las personas tampoco pueden actuar según lo prometido. La prudencia aquí es un recurso defensivo que suministra o desarma a todos los demás.

En la vida cotidiana, no es aconsejable tener una fe exagerada en las promesas de campaña de los políticos, o las garantías de un vendedor, o las cualidades extraordinarias de un producto, o las campañas publicitarias que inundan los medios de comunicación, por nombrar solo algunos.

Cuando Maquiavelo tuvo el coraje de decirnos que en ciertas situaciones podríamos vernos obligados a romper nuestra palabra, también nos dijo que otros nos pueden hacer lo mismo, y a menudo sin el más mínimo escrúpulo.

LA IMPORTANCIA FUNDAMENTAL DE LA REPUTACIÓN AL ÉXITO

Se respetuoso contigo mismo.

Aunque ya hemos cubierto este tema, haremos algunos comentarios más después de haber analizado otros aspectos importantes que influyen.

La reputación es la piedra de toque del poder, un tesoro que debe ser cuidadosamente mejorado y protegido. La buena fama a menudo es suficiente para ganar una batalla temprana. Así que tenga mucho cuidado con su reputación, ya que es fundamental para su éxito en la vida. La fama puede crear un aura aa su alrededor de respeto o incluso miedo.

La reputación es lo que otros piensan de nosotros, y lo que piensan que somos puede ser muy diferente de lo que realmente somos.Por lo tanto, es muy importante que siempre tengamos mucho cuidado con la imagen que presentamos a otras personas, por lo que debemos tener nuestra atención permanente.

Siempre que sea posible, debemos evitar cualquier situación que nos haga odiosos o despreciables a los ojos de los demás. Nos volvemos reprensibles cuando transmitimos el concepto de personas egoístas y usurpadores de las cosas de otras personas. Lo que hace que un jefe sea despreciable es ser considerado vulgar, débil, cobarde e indeciso. Esta imagen y posturas deben ser evitadas tanto como sea posible por aquellos que quieren ser respetados.

Por el contrario, nuestras acciones deben demostrar grandeza de espíritu, valor, seriedad, fortaleza moral y la creencia de que toda felicidad está hecha de coraje y trabajo.

De esta manera, cuando se plantean intrigas contra nosotros, debemos tener una postura clara, reflexiva y firme para que nadie piense en tratar de engañarnos.

Cualquiera que pueda crear y transmitir una buena imagen de sí mismo tendrá, en consecuencia, una buena reputación, lo que los hará más fuertes frente a los ataques, ya que es más difícil atacar a alguien que es respetado y tiene una reputación como una persona excelente. Una mala reputación hará que la gente huya de ti y la calumnia se mantendrá más fácilmente.

No se equivoque a respecto, pero las apariencias son el punto de partida del juicio en nuestra sociedad, así como lo que vestimos, nuestras formas y las palabras que hablamos. En este sentido, dicen que el silencio es un amigo que nunca nos traiciona.

Incluso en los proverbios bíblicos se dice que la reputación es más valiosa que la riqueza. La reputación, es la única parte inmortal del hombre, que se há poetizado Shakespeare.

E incluso en el mundo de los negocios, la reputación es crítica para una empresa y muchos afirman ser su activo más valioso, ya que la supervivencia de una empresa o profesional está vinculada a la confianza que transmiten.

Construir la reputación de una empresa es probablemente uno de los mayores desafíos para los gerentes modernos. Las empresas y profesionales que deseen permanecer en el negocio deberán preocuparse cada vez más por la confianza y credibilidad que otorgan a sus clientes y consumidores e incluso a sus propios empleados.

El pensador latino Publio Siro dijo que tener un buen nombre es una forma más segura que tener dinero.

Esto también es cierto para el profesional, el médico, el periodista, el secretario, el escritor, el ingeniero, el abogado, el consultor, el panadero y cualquier otra ocupación. Una buena reputación es esencial para atraer clientes e inversores. Sabemos que, para los políticos, la buena fama es la receta para sus medios de vida, porque los votantes votan cada vez más y más debido a la confianza que tienen sus candidatos.

Muchos usan las noticias y los rumores como un ataque a la reputación de los demás, que actúa como un arma poderosa para dañar a sus oponentes.

Cuando tus enemigos atacan tu reputación, no muestres inseguridad, sigue el camino directo y defiéndelo con uñas y dientes sin mostrar desesperación al hacerlo. La sátira y el ridículo de los rivales difamatorios es una buena técnica defensiva.

La fama siempre llega temprano y si inspira respeto, gran parte de lo que haces está hecho.

DE LAS CONSPIRACIONES

*No tramas quien no quiere nada,
los deseos humanos son insaciables.*

La preocupación fundamental con nuestra reputación, o simplemente, que no somos odiados ni despreciados, debe dirigirse a aquellos en nuestro campo de influencia, así como a extraños.

Cuando necesitamos defendernos de extraños, podemos necesitar la ayuda de verdaderos amigos y aliados. Y siempre que tengamos poder tendremos buenos aliados. Pero también, ¡siempre que tengamos poder tendremos oponentes! Somos traicionados solo por los amigos en quienes confiamos; Porque de los enemigos siempre esperamos ser atacados. Sin embargo, el concepto del enemigo nunca está completamente claro.

En general, cuando hay paz con extraños, también habrá tranquilidad en las relaciones internas a menos que, por supuesto, alguién conspira en silencio contra ti. Debido a esta posibilidad, es necesario prestar atención a los competidores externos, pero no apartar la vista de los posibles oponentes internos. En un barco de guerra, el capitán obviamente debe ganar batallas contra oponentes, pero también evitar los distúrbios de los marineros.

Evitamos que actúen contra nosotros evitando ser odiados o despreciados y tratando de mantener a las personas en nuestro círculo de vida satisfechas con nuestras acciones.

No ser odiado por la mayoría es un gran remedio contra la conspiración. El conspirador siempre cree que está complaciendo a la mayoría con sus complots.

Pero cuando el conspirador se da cuenta de que tiene una minoría a su favor y desagradará a otras personas con ese complot, se da por vencido, porque sabe que enfrentará muchas dificultades.

Los que conspiran no pueden estar solos, sino que necesitan la colaboración de aquellos que creen que también son infelices. Por supuesto, si en su liderazgo, empresa, servicio, propia familia o en su círculo de amistades, si la mayoría de las personas no están contentas con usted, la posibilidad de que un conspirador logre el éxito será mucho mayor. Bajo estas condiciones adversas, solo un amigo inusual permanecería fiel y no cometería deslealtad.

Pero también recuerde que la conspiración siempre es peligrosa y por parte del conspirador solo hay ansiedad, contratiempos, miedo al castigo y, por lo tanto, se acobarda siempre que podamos defendernos por nuestra buena reputación, las normas vigentes y el apoyo de personas amigables.

Si agregamos a esta situación crítica buena estima por parte de las personas, será mucho más difícil encontrar una conspiración contra nosotros. Esto se debe a que, si el conspirador ya tiene la incertidumbre de realizar una conspiración, si se da cuenta de que las personas son contrárias a su proyecto, debería seguir temiendo incluso después de cometer traición, porque no puede obtener ayuda de nadie.

Entonces, mientras tengamos el apoyo de la gente, lo que significa que, siempre y cuando seamos amados y respetados, no tenemos que preocuparnos demasiado por las conspiraciones, pero cuando somos odiados y despreciados, debemos temer a todos.

Tienes que mirar hacia arriba y hacia abajo en el diagrama de la jerarquía. Las personas inteligentes siempre han trabajado diligentemente para contrarrestar ni a los de arriba ni a los de abajo, y este es un factor importante para lograr el éxito.

Cuando se trata de autoridad, brillar más que un superior puede indicar que eres una fuente de conspiración potencial y que te estás convirtiendo en una amenaza, y estos celos del superior pueden no ser beneficiosos para ti.

Ahora, si debemos evitar cualquier cosa que nos haga desagradables, la experiencia nos enseña que es una buena práctica delegar actos impopulares a otros y practicar personalmente lo que agrada a todos.

Sin embargo, cuando no podemos evitar que nadie nos odie, debemos evitar todas las formas en que los más poderosos nos odian.

INGENUIDAD

La ignorancia es la madre de todo mal, porque los ignorantes ignoran su propia ignorância.

El animal miró por la ventana y vio que Caperucita Roja se acercaba. Rápidamente se puso la gorra de la abuela, corrió hacia la cama y se deslizó debajo de las sábanas.

Caperucita Roja entró y estaba muy sorprendida de ver a la abuela con esa cara extraña ...

"¡Abuela, qué orejas grandes tienes!"

- "Te van a escuchar mejor ..."

- ¡"Y qué boca tan grande tienes"!

"Es para comerte mejor", rugió el lobo y saltó sobre Caperucita Roja.

La crítica de Maquiavelo a la ingenuidad de Caperucita Roja habría sido ácida por consentir las payasadas del Lobo Malo. Aunque en la fábula todo va bien, en la vida real no podía contar con los leñadores para salvarla.

En la lucha constante de nuestra vida diaria, una de las debilidades que nos pueden hacer más daño es nuestra inocencia.

Un ingenuo es una persona tonta y crédulo que generalmente expresa abiertamente sus sentimientos e ideas, creyendo la mayor parte del tiempo en los hechos y declaraciones de las personas, sin haber sometido las cosas a una crítica necesaria. Es el indivíduo sin malícia, gentil e inexperto, inocente y puro. Una deliciosa presa para los engañadores de guardia.

Por lo tanto, un ingenuo carece de la inteligencia y la desconfianza necesarias de lo que dicen que es verdad, y es constantemente víctima de trampas y golpes por la astucia. Es gracias a los ingenuos que hay exploradores.

Incluso hoy, muchas personas inocentes caen en la historia del boleto ganador, la promesa de políticos maduros, se entregan al fanatismo religioso o político, creen en las cualidades falsas de los productos ofrecidos por vendedores astutos, se engañan a sí mismos con remedios milagrosos o se dejan engañar por ventajas inmediatas y propuestas ventajosas en las más variadas situaciones. La confianza infantil del ingenuo es el arma que el pícaro necesita para dañarlo. Siempre hay un idiota para usar la gorra.

Los ingenuos, que piensan ser inteligentes, son víctimas de su propia avaricia y necedad. Lo curioso es que no solo las personas humildes caen en historias de fantasía, sino todo tipo de ciudadanos ilustrados, como comerciantes, empresarios, servidores públicos, estudiantes universitarios y los más variados profesionales.

En la ingenuidad, los incautos se dejan llevar por el lado emocional. Rousseau declaró que una parte de los hombres actúa sin pensar y la otra piensa sin actuar. A juzgar por su apariencia y ser impulsados por una tendencia irracional y una fe tonta, estas personas son los creyentes eternos en la bondad y la sinceridad de los demás, fácilmente engañados por el arte de la pretensión humana, el engaño y la malicia y la justicia propia. Por lo tanto, al convertirse en víctimas de su propio ingenio, son heridos y humillados, y pagan un alto precio por su falta de inteligencia.

El ingenio perjudicial se puede prevenir mediante el uso sistemático y escrupuloso de la desconfianza, la duda metódica, la precaución y la sospecha, es decir, cuando sometemos las cosas lo más posible a nuestra reflexión, buscando ampliar nuestra conciencia de la realidad.

La duda es el comienzo de la sabiduría. Siempre use la defensa de la duda a su favor para protegerse en cualquier relación, negocio o acto que vaya a practicar, pero, por otro lado, tenga cuidado de no transmitir una mala imagen de una persona que sospecha de todo y de todos. Mantenga siempre un margen sutil de incertidumbre de que algo puede ser cierto, y hacerlo puede disminuir la decepción y evitar aún más la traición. Quien duda adivina la mitad. Nadie debería experimentar la profundidad de un río con ambos pies. No te acostumbres a hacer lo más mínimo sin pensar, nos enseñó Pitágoras.

Las viejas escuelas filosóficas nos enseñaron que debemos usar la razón fría no solo en el estudio de la naturaleza, sino también en las relaciones humanas, en las citas, en el matrimonio, en la educación de nuestros hijos, en los negocios, en el supermercado, en el trabajo y en la política. La razón siempre debe caminar frente a nuestras emociones y impulsos.

Cualquier sistema ético o religioso propondrá la práctica de la moral y el ejercicio de las virtudes, pero ninguno de ellos nos pedirá que seamos imbéciles en manos de otros.

DIVIDIR PARA GOBERNAR

Hábil es competente para crear diferenciales y oportunidades para la victoria.

Como hemos visto en capítulos anteriores, asumiendo una nueva posición de poder, se pueden hacer muchas cosas para tratar de mantener esta posición. Algunas personas cuando toman la nueva posición les quitan el poder a sus subordinados, otras intentan mantener a sus subordinados desunidos, otras albergan enemistad contra ellas mismas, otras entablan la amistad de aquellos que parecían sospechosos al comienzo de su nueva situación, algunas crean escudos de protección para defenderse, otros prefirieron ser más accesibles.

La verdad es que todavía no han inventado una receta exclusiva o un juicio único sobre qué hacer para mantener la nueva posición alcanzada, pero uno debe mirar cuidadosamente caso por caso para ver qué se aplica mejor a esa circunstancia en particular.

Es aconsejable que, asumiendo una nueva posición de mando, podamos delegar algo de poder a las personas, dándoles autonomía para diagnosticar problemas y proponer soluciones, compartir responsabilidades y crear espíritu de equipo, para que las acciones de las personas se expandan y las que al principio parecía sospechoso volverse fiel, y los que ya fueron fieles permanecerán.

Desde simples subordinados, cuando se los motiva y valora con la distribución de atribuciones y poder, las personas comenzaron a jugar en su equipo, convirtiéndose en sus partidarios.

El que le ha delegado algún poder está en deuda con usted y le resultará natural tomar más riesgos y tener más obligaciones.

De lo contrario, si una persona es muy centralizadora y toma el poder y las atribuciones de los demás, terminan sintiéndose ofendidos, porque demuestra que no confías en ellos porque los consideras incompetentes o injustos, lo que los hará despertará odio contra ti. Como resultado de esto, además de alentar conspiraciones, inevitablemente tendrás que recurrir a extraños, y tal vez estas personas no sean suficientes para defenderte de los peligros y aún más de los subordinados indignados, dando aún más condiciones para el surgimiento de descontento, maquinaciones y conspiraciones.

Uno debe estar constantemente creando seguidores. Aristóteles enseñó que el objetivo principal de la política es crear amistad entre los miembros del grupo.

Sin embargo, si se agrega una nueva área a su esfera de influencia, como una nueva rueda de amigos, un nuevo departamento o una nueva empresa que también está bajo su administración, no es seguro que confíe o otorgue mucho poder a las personas que trabajan allí, hasta que los conozca bien y asegúrese de que estén a su lado.

Maquiavelo incluso ha declarado que en estos casos es necesario "asumir que todas las personas son malvadas y que siempre actuarán sobre la debilidad de sus espíritus cuando tengan la oportunidad". Si es así, a veces será necesario eliminar su poder de decisión dejándolo solo a sus amigos partidarios. En otras palabras, para manejar áreas recientemente agregadas solo tiene que confiar en personas cuya lealtad ya ha sido probada y nunca empoderar a alguien que sea más fuerte que usted.

Muchos aún aconsejan sembrar algún tipo de conflicto entre los grupos subordinados para dominarlos más fácilmente, y mientras estas personas se distraigan por su intriga, no tendrían tiempo para pensar en unirse contra usted. ividir para conquistar es una máxima política y una técnica muy utilizada en la historia y consiste en obtener el control de un lugar mediante la fragmentación de las concentraciones más altas de poder, evitando que se mantengan. Esta estrategia fue utilizada por el gobernante romano César (divide et impera), Felipe II de Macedonia y el emperador francés Napoleón (divide ut regnes), entre otros.

El señor John era un gran terrateniente y sabía que había intriga entre sus trabajadores. Cuando se le preguntó sobre esto, respondió: -"Cada vez que vienen a mí, me cuentan todo sobre otros que a veces intentan dañarlos, así que escucho todo lo que sucede en mis propiedades". En cuanto a las intrigas, no las alimento, pero también ... no interfiero. Los sirvientes son enemigos pagados.

Tales procedimientos resaltan la capacidad del líder para manejar las cosas.

Las divisiones internas son beneficiosas solo en tiempos de paz porque facilitan el control de las personas, pero en tiempos de guerra contra los extranjeros, el hechizo puede volverse contra el hechicero, ya que el enemigo encontrará una situación de desunión interna y desorganización. Enemigo dividido, medio golpeado.

Nada es fácil y nadie puede lograr un triunfo a menos que estén dispuestos a hacer sacrificios personales. Las adversidades de la vida y los enemigos sirven para ponernos a prueba, ya que, ante situaciones de capacidad, valor y fuerza, tales situaciones nos permiten adquirir el oro de la reputación, lo que nos permite subir posiciones más altas con la escalera que ofrecen los enemigos.

Por lo tanto, muchos consideran que una persona sabia debería, cuando surja la oportunidad, saber cómo cultivar algún tipo de competencia para que, después de ganarla, su fama se vuelva mayor. Cuando nos estancamos durante mucho tiempo en el mismo lugar sin nuevas metas, el horizonte comienza a estrecharse y nuestras fuerzas se debilitan, o como dice el dicho popular:" una piedra que no gira crea limbo".

Otro punto interesante es que cuando toma una nueva posición, puede sorprenderse al encontrar más lealtad y utilidad en las personas que inicialmente parecían sospechosas que en otras. Los de opinión dudosa tienen mucho más que demostrar y necesitan mucho más para entregar resultados que borren la mala impresión inicial que dejaron.

La experiencia muestra que es mucho más fácil tener amigos entre los hombres que estaban contentos con la administración anterior y por eso eran sus adversarios que entre aquellos que precisamente por el descontento con el gobierno de esa época se convirtieron en sus amigos y los ayudó a tomar el poder.

En resumen, tenga cuidado con los descontentos, ya que pueden ser conspiradores profesionales.

CONSTRUYENDO FORTALEZAS A TU ALREDEDOR

La fortuna nunca pone a un hombre tan alto que no necesita un amigo.

Aquí viene otra pregunta importante: ¿Es bueno construir fortalezas para protegernos de enemigos externos, o no?

Por analogía, lo mismo que construir muros alrededor de una ciudad significa levantar barreras a nuestro alrededor, levantar obstáculos defensivos alrededor de nuestro mundo o nuestras actividades por miedo a los ataques enemigos y, por lo tanto, aislarnos de la vida allá afuera. Maquiavelo concluye que estas barreras finalmente nos traerán más daño que bien.

Una vez más, la lección es que la mejor seguridad para una persona sobresaliente no es ser odiado o despreciado, sino disfrutar de la amistad de la mayor cantidad de personas posible, construyendo buenas relaciones tanto fuera como dentro de su campo.

Se deduce que es dudoso si es útil construir fortalezas, o, en otras palabras, confiar en sistemas de aislamiento para protegernos de las adversidades de la vida y de nuestros oponentes, especialmente en el mundo moderno donde la comunicación global masiva a través de Internet es el gran logro de la ciencia moderna.

El aislamiento solo se justifica cuando necesitamos silencio para reflexionar mejor sobre las cosas o para un merecido descanso, en el caso de las cláusulas religiosas o en el caso del acto creativo.

Además de estas posibles situaciones, la interposición de barreras entre el mundo exterior y nosotros no es de ninguna manera aconsejable y, como se ha visto en los capítulos anteriores, deberíamos ser lo más accesibles posible, comunicarnos con el mundo que es nuestra fuente de recursos, mantener una amplia red de contactos, circulando y escuchando sus opiniones y estando siempre informado de la realidad. Solo escuchando atentamente lo que tus subordinados, o tus superiores, tienen que decir, puedes tomar mejores decisiones.

La red debe ser muy bien elaborada por el líder, buscando amistades, contactos y conocimiento de las personas tanto como sea posible en todas partes. En un mundo globalizado, una red de relaciones amplia y bien diseñada tiende a ampliar el campo de oportunidades, generando apoyo, colaboración y sinergia entre personas y entidades con propósitos convergentes, aumentando la visibilidad de usted o de su empresa en el mercado, lo que mejora su reputación.

Aislar y obstaculizar en lugar de buscar relaciones solo aumentará nuestra distancia de la realidad del mundo. Nunca se aísle en su oficina, en su habitación, huya de la soledad y el aislamiento. Trate de relacionarse con las personas con las que trabaja, busque vivir con aquellos que tienen metas u objetivos comunes. La comunicación siempre ha sido y seguirá siendo un factor determinante en la interacción y el desarrollo de costumbres, sensibilidades, culturas y necesidades públicas. Ejercita tu talento en las relaciones con las personas. Básicamente, la única realidad de las empresas, entidades, grupos o incluso una familia es la relación entre las personas, el resto es ficción legal o sociológica.

La comunicación acerca a los hombres, aumenta el comercio y cambia los límites de los negocios. Donde existe la capacidad de intercambiar y discutir ideas, de dialogar, de hablar con miras a un buen entendimiento entre las personas, hay motivación, hay negocios, hay una buena relación.

Estratégicamente, la construcción de castillos no ofrece la protección que deseas, creando más problemas que soluciones, haciéndonos más vulnerables que protegidos.

De manera similar, cuando nos enfrentamos a barreras impuestas por otras personas o grupos, debemos ser capaces de trabajar hábilmente para debilitarlas y desmantelarlas, en lugar de usar la fuerza para superarlas.

Lao Tzu dijo que: "el miedo construye barreras, mientras que la verdad construye puertas".

La vida es el arte del encuentro, dijo el poeta, y cuando nos acercamos a nuestro campo de influencia, nuestra ausencia puede alentar la discordia, impulsar la conspiración y, en el mejor de los casos, arrojarnos al olvido.

La mejor defensa que podemos construir es evitar que otros no nos gusten. No importa cuántas defensas creas que construyes a tu alrededor, si las personas te odian, no te protegerán. No confíes en las fortalezas, pero dale importancia a tu reputación, el verdadero escudo defensivo contra ataques inevitables. Maquiavelo indica que un príncipe bueno y sabio que desee mantener este carácter y evitar que sus hijos tengan la oportunidad de convertirse en tiránicos no debe construir fortalezas. Esto es para que puedan crear las condiciones necesarias para poder confiar en la buena voluntad de sus súbditos, no en la fuerza de las ciudadelas.

¿CÓMO DEBEMOS ACTUAR PARA SERMOS ESTIMADOS?

La estima depende del respeto de los demás.

Si queremos tener éxito, es crucial disfrutar de la estima de las personas, tanto superiores como inferiores, y nada atrae tanto a alguien como sus grandes logros en la vida y su ejemplo como persona.

La estima es un sentimiento de aprecio y valor que le dedicamos a alguien por lo ejemplar y valiente que ha logrado en la vida. Una persona que ha logrado el éxito es una persona estimada. Nos atraen aún más los ejemplos de aquellos que, a pesar de tener que enfrentar muchas dificultades, lograron ganar en la vida y disfrutar de una buena reputación, o incluso aquellos que vinieron de familias humildes podrían fortalecerse enfrentando con valentía las complejidades y obstáculos.

Lecciones de fuerza, tenacidad, trabajo y audacia abundan. Este es el criterio para estimar el carácter: éxito. Y como decía el viejo dicho: para hablar en el viento, las palabras son suficientes, para hablar al corazón, se necesitan obras.

Una persona también es estimada por su sinceridad cuando es un verdadero amigo y un oponente igualmente verdadero, es decir, cuando se declara con franqueza y sin ningún temor a favor o en contra de algo. El que solo piensa en sí mismo de forma limitada es el pobre supremo cuya debilidad se basa en mentiras y vanidad. La persona pequeña, astuta, fingida y cobarde disfruta no de nuestra admiración sino de nuestra desconfianza.

Tomar una postura sincera es más útil que permanecer neutral, y en muchos casos la neutralidad oculta el lado hipócrita de la persona al ocultar un estado de ánimo débil e injusto.

Obviamente, en todas las situaciones no deberían apoyar a un lado, y en otros es necesario tener una posición pacífica, pero cuando no es posible aislar nuestros intereses de una disputa, la experiencia muestra que es útil tomar partido y tratar de intervenir abiertamente en el conflicto. Esto se debe a que, si no apoyamos a un lado y actuamos indiferentemente, el ganador siempre nos verá con sospecha y el perdedor nos considerará un traidor. El que gana no quiere amigos sospechosos que estaban en silencio cuando más los necesitaban.

Las cosas siempre se repiten: quien no sea tu amigo intentará convencerte de que te mantengas neutral, pero tu amigo te pedirá que luches a su lado.

Las personas indecisas, para escapar del peligro, a menudo tienden a la neutralidad omisiva, y con mayor frecuencia caen en la ruina.

Pero cuando nos declaramos audazmente a favor de una de las partes y esa parte gane, incluso si estamos en una posición ligeramente inferior, esa persona habrá contraído una deuda y un vínculo de amistad con nosotros, y nadie será tan deshonesto para ser desagradecido e ingrato traicionar un reconocimiento. La gratitud es el recuerdo del corazón, dijeron los franceses. Y después de todo, las victorias nunca son tan absolutas que el ganador no necesita ser cauteloso y buscar apoyo.

El éxito nunca es definitivo y el fracaso nunca es fatal, lo que cuenta es el coraje demostrado.

Sin embargo, si pierde la parte que apoyó, siempre lo apoyará cuando pueda, y si puede volver a subir, tendrá un buen compañero a su lado. Pero recuerde, la política puede incluso crear cómplices, pero nunca amigos.

El mundo es complejo y nunca estaremos seguros de que tomaremos la decisión correcta en estos casos, por lo que siempre es bueno pensar que las decisiones que estamos tomando pueden estar completamente equivocadas y siempre que tratemos de resolver un problema nos encontraremos con otro, y así es.

Siempre es aconsejable utilizar la sabiduría antigua para tomar la decisión más prudente que, si no es correcta, hará menos daño en el futuro. No olvidemos mostrarnos amantes de la virtud dando la bienvenida a personas virtuosas y leales y honrando a aquellos que se destacan por sus acciones.

DE LAS CUALIDADES DE LOS EMPLEADOS

*Los grandes hombres están dotados de la intuición
necesaria para elegir a tus empleados.*

Tanto la elección de amigos como la elección de las personas con quienes convivir, así como el equipo que ayudará en el trabajo, serán buenos o no de acuerdo con la prudencia y el carácter de la persona que elija. Nuestra primera idea de una persona se basa en los hombres que la rodean, y esto se aplica tanto a los amigos de la escuela como a la junta directiva de una gran corporación económica, así como al entorno profesional en el que se vive. "Dime con quién estás y te diré quién eres", enseña el dicho popular.

Cuando alguién vive con personas reconocidamente buenas, competentes y trabajadoras, nuestro concepto de esa persona será que también es una persona buena, competente y trabajadora. Uno de los grandes secretos del éxito es la sabiduría al elegir su equipo.

Si una persona elige personas competentes, justas y leales como colaboradores, podemos considerar que es inteligente y capaz, ya que ha podido reconocer en el momento de la elección a aquellos que son serios y capaces de cumplir con sus obligaciones.

No es el estatus o la riqueza la verdadera grandeza de un hombre. Cometemos errores y juicios falsos al elegir a las personas porque las valoramos junto con sus posesiones y accesorios y nos olvidamos de analizar lo que realmente son como seres humanos. Cuando queremos apreciar el verdadero valor de alguién debemos observarlo sin adornos, sin sus posesiones, sin sus títulos y todos los demás dispositivos, incluido dejar de lado su propia apariencia. Debemos buscar el alma de una persona, sus cualidades intelectuales, sus aptitudes, finalmente su grandeza intrínseca.

Por otro lado, juzgamos mal a aquellos que han elegido por sus relaciones a personas falsas, injustas, inmorales o incompetentes. Somos responsables cuando elegimos malas compañías, ya que esto es un signo de incompetencia. La mala compañía hace que lo bueno sea malo y lo malo sea peor.

Las personas alrededor de un líder ayudan a construir su reputación. Como Plutarco enseñó, la reputación es como el fuego: una vez encendido, se mantiene bien, pero si se apaga, es difícil encenderlo.

En una palabra: debes ser competente para elegir con quién estaremos. Llegue a los buenos: los encontrará fácilmente si también es bueno, dijo San Agustín.

Es fácil concluir que elegir a las personas que nos rodean puede significar nuestro éxito o fracaso en la vida. Los mejores compañeros son aquellos que nos hacen mejores, que nos ofrecen una superación constante a nosotros mismos, por lo que debemos tener cuidado al elegir amigos, formar una sociedad, establecer nuestro equipo de trabajo y preferencia por las personas con las que viviremos. No camine con personas que no agregarán nada en su vida futura, huya de los pesimistas.

Pero hay una fórmula segura para conocer realmente a un amigo o colaborador: si te das cuenta de que esta persona piensa más en sí misma y que busca su propia ventaja sobre la tuya, nunca será una buena compañía y nunca puedes confiar en él. El egoísmo es la raíz de todo mal.

Cualquiera que desempeñe un papel en nombre de otro, por ejemplo, un ejecutivo de la empresa o un gerente de un departamento, siempre debe pensar preferiblemente en el éxito de su empresa. El que no lo hace no es un buen colaborador y no se debe confiar en él.

Por otro lado, nadie logra el éxito solo, y quien lidera o dirige un grupo y quiere tener éxito debe hacer que todos los que lo rodean crezcan y disfruten del éxito por igual.

El que se acumula con avaricia sufrirá una gran pérdida, pero un hombre contenido nunca se decepcionará, enseña Tao Te Ching. Nunca debe ser demasiado codicioso, porque necesita saber cómo compartir el éxito porque cuando todos crezcan, el éxito estará más asegurado. En este sentido, es aconsejable ver a los hombres como socios.

Maravillosamente, cuando todos se beneficien de la evolución, habrá una coexistencia de calidez y confianza; de lo contrario, el final siempre será desastroso para todos. Sin compartir no habrá justicia; sin justicia no habrá paz, sin paz no habrá futuro.

EVITANDO LA MALA INFLUENCIA

Solo los estúpidos están absolutamente seguros.

Si queremos ejercer un liderazgo efectivo, no podemos comportarnos como personas vulnerables y altamente influenciados por otras opiniones. Las personas inseguras e indecisas son como barcos sin dirección, cambiando su rumbo según los vientos. Estas personas suelen ser irritables y caprichosas.

El gerente o profesional que hace algo hoy y lo deshace mañana, que no sabe lo que quiere y no quiere, que es volátil en sus opiniones y actitudes, no es confiable ni tiene buena reputación.

La falsedad y la simulación son parte del carácter de los indecisos, y es un signo de un alma enferma. Una planta nunca se fortalece si la movemos continuamente. El filósofo Séneca enseñó que nada, por útil que sea, mantiene su utilidad siempre cambiante. Aquellos que vacilan y son inestables, y por lo tanto cambian continuamente de bando y propósito en la vida, entregándose a la moda y al azar, como escombros transportados por las aguas de un río, no tendrán éxito. El que no tiene a dónde ir nunca llegará a ninguna parte, precederá un viejo dicho.

Probar mucho es un síntoma estomacal insensible; cuando los platos son muchos y variados, solo hacen daño, por eso debemos elegir un curso constante para nuestras vidas. La debilidad conduce a la irresolución, indecisión, vacilación e invariablemente el dominio de los caprichos.

Uno puede fácilmente incurrir en el grave error de la inconstancia, escuchar a muchas personas, a innumerables asesores, dictadores, chismosos, egoístas y aduladores.

No debemos apurarnos y creer en la primera información que recibimos. Incluso la mayoría de los medios y escritores tienen sus intereses detrás de las noticias que transmiten. Siempre debe reunir tanta información como sea posible para obtener una opinión confiable sobre un tema, pero no debe confundirse con ella. También es aconsejable escuchar ambas caras de la moneda. Decisiones apresuradas e irreflexivas demuestran el carácter débil de un líder.

Es aconsejable tener en cuenta y contrarrestar aduladores, chismosos y mentirosos que ofrecen opiniones irresponsables y egoístas. Es más fácil creer una mentira que se escucha miles de veces que una verdad que nunca escuchamos.

O aprendemos a distinguir los consejos sabios y perspicaces de los comentarios indignos de las personas, o sufriremos mucho daño. El consejero ignorante, incluso con buenas intenciones, es un gran enemigo.

Incluso si es una tarea que merece algún esfuerzo de nuestra parte, debemos actuar aquí como el zorro y estar siempre alertas para defendernos de este verdadero peligro que a menudo se transforma en la opinión de un amigo, consejos para nuestro bien, información por nuestra seguridad y tantas otras prendas usadas por información errónea e incluso por interés no manifiesto.

Siempre debemos cultivar una cierta crítica de las opiniones de los demás, porque al dudar llegamos a la verdad.

Solo hay una manera efectiva de defenderse contra este engaño, es tener un procedimiento tal que la gente entienda que siempre buscamos la verdad de las cosas y que no nos ofenden cuando nos dicen la verdad. Debemos mantener una actitud de verdadera sinceridad de tal manera que entiendan que cuanto más libremente hablen, mejor serán recibidos. Si bien puede doler, la verdad es indestructible y, por lo tanto, deje en claro que decirnos la verdad siempre será la mejor política. Sin embargo, esta apertura también debe darse con moderación, para que no le demos a la gente la oportunidad de abusar de esta libertad que le otorgamos.

En situaciones difíciles o incluso cuando es necesario resolver problemas complejos, no es efectivo otorgar demasiada importancia a las diferentes opiniones de un gran número de personas, ya que esto puede generar aún más indecisión. Es saludable seleccionar personas inteligentes y experimentadas, escuchando lo que tienen que decir objetivamente al respecto.

Incluso en la búsqueda de la sabiduría o la lectura cotidiana, debemos elegir algunos autores confiables, ya que leer numerosos autores y textos puede arrastrarnos a la indecisión y la inestabilidad. Confundir el pensamiento de alguién con tanta información y posibles soluciones, muchos y variados resultados, crea dudas y conduce a la irresolución, y esta es una vieja técnica para mantener a alguién bajo control.

Después de agotar nuestras dudas y escuchar atentamente, debemos reflexionar con calma para formar nuestra propia opinión. Nunca debemos creer todo lo que llega a nuestros oídos. No se respeta ni se confía a alguién que a menudo cambia su decisión de escuchar a alguién.

Una vez que una decisión ha madurado, a través de la reflexión y la meditación tranquila, uno debe obstinadamente lograr lo que se decidió. Nunca debemos desanimarnos o abandonar la lucha, incluso si fallamos varias veces antes de alcanzar nuestra meta.

Hay buenos consejos, y muchos los reciben, pero solo los sabios se benefician de ello.Por lo tanto, siempre debemos pedir consejos, pero cuando sea nuestra voluntad y no cuando otros lo hagan. Y más, debemos desalentar a los cazadores que desean ejercer una influencia mayor de la que se les permite.

DE INDOLENCIA

La pereza camina tan lentamente que la pobreza
no tiene dificultades para alcanzarla.

La sabiduría consiste en observar conscientemente las lecciones y aprender de las experiencias que la vida nos brinda, para que incluso un hombre joven parezca maduro. No es con palabras, sino que es realmente asimilando y practicando las lecciones que podemos lograr el éxito y la mejora personal.

Cuando estudiamos nuestras experiencias, eventualmente ampliamos y rediseñamos nuestros puntos de vista, y la práctica nos enseña que las acciones rectas y virtuosas ganan más estima de las personas que nos rodean que la posición económica o social que podemos ocupar.

Nuestra felicidad y éxito se construyen día a día por nuestras actitudes y comportamientos, y lo que más llama la atención es la postura correcta y el entusiasmo para hacer lo correcto, independientemente de si cometieron un error.

Los pensadores consideran que la zona de confort es letal para el éxito humano. Cuando nos entregamos a un estado de disfrute de los placeres de la vida, huyendo de los problemas sin preocuparnos por el futuro, estamos cavando nuestra propia tumba.

El destino es muy poderoso en nuestras vidas, pero nuestro libre albedrío, nuestra actitud y nuestra precaución pueden evitar que seamos víctimas involuntarias de la suerte. La pereza a menudo golpea a los vanos herederos que se entregan a una vida de placer y abundancia, sin creer que el mar en calma puede convertirse en tormentas.

¡La zona de la pereza es mortal para el líder! Cuando lleguen los tiempos difíciles, deberán refugiarse en la protección de los demás y pedirles que vengan en su ayuda, otro error muy común.

Primero, se debe definir el objetivo a alcanzar y todo lo que se necesita hacer para lograrlo. Pase lo que pase, nunca retrocedas de ese intento.

Después de caer en la pereza, las personas se encuentran en circunstancias difíciles y tienden a desanimarse, ya no ven soluciones a sus problemas. Y como dijo Confucio, el hombre superior se culpa a sí mismo; el hombre común a los demás.

Aquí es donde radica la causa de cada falla: el miedo a hacer lo que se debe hacer.

Recuerde que las defensas contra la adversidad solo son buenas, seguras y duraderas cuando dependen de usted y su virtud. Los tiempos de crisis son muy importantes, porque no hay mejor oportunidad para crecer que en tiempos difíciles.

¡Éxito!

www.ingramcontent.com/pod-product-compliance
Lightning Source LLC
Chambersburg PA
CBHW030654220526
45463CB00005B/1774